U0521735

私人财富
保护、传承与工具

薛京 ——— 著

电子工业出版社
Publishing House of Electronics Industry
北京·BEIJING

内 容 简 介

这是一本帮助大众分析如何防范财富风险的书。全书共5章，包括企业财富、财富传承、婚姻财富、财富工具及政策解读。

本书借助翔实的司法案例，对资本市场热点问题、与大众密切相关的财富保护及传承问题进行了深入、透彻的分析，并给出规划方案与风险防范措施，以打破大众的法律认知盲区，为大众提供操作指引。同时，作者解读了对大众影响较大的财富领域的相关政策，包括全球征税、居住权、意定监护、遗嘱信托、遗产管理人及房地产税等。

未经许可，不得以任何方式复制或抄袭本书之部分或全部内容。
版权所有，侵权必究。

图书在版编目（CIP）数据

私人财富保护、传承与工具 / 薛京著. —— 北京：电子工业出版社，2022.10
ISBN 978-7-121-44113-4

Ⅰ.①私… Ⅱ.①薛… Ⅲ.①个人财产—所有权—研究—中国 Ⅳ.①D923.24

中国版本图书馆CIP数据核字（2022）第145769号

责任编辑：王小聪
印　　刷：鸿博昊天科技有限公司
装　　订：鸿博昊天科技有限公司
出版发行：电子工业出版社
　　　　　北京市海淀区万寿路173信箱　　邮编：100036
开　　本：710×1000　1/16　印张：17.5　字数：242千字
版　　次：2022年10月第1版
印　　次：2024年11月第4次印刷
定　　价：89.00元

凡所购买电子工业出版社图书有缺损问题，请向购买书店调换。若书店售缺，请与本社发行部联系，联系及邮购电话：（010）88254888，88258888。
质量投诉请发邮件至zlts@phei.com.cn，盗版侵权举报请发邮件至dbqq@phei.com.cn。
本书咨询联系方式：（010）68161512，meidipub@phei.com.cn。

序言

应对财富风险的重重挑战，从提升财富规划力开始

这是一个充满不确定性与挑战的时代，无论是国际形势的改变还是社会经济的变化，都给人们的生活带来了极大的挑战。如果说改革开放的前 40 年是高净值人士低头赶路、充分发挥个人才干、专注财富积累与事业发展的阶段，那么 2020 年之后，高净值人士就必须学会"抬头看天"——了解经济大形势，了解国家不断推出新政策的底层逻辑及其影响，了解私人财富管理面临的风险、挑战与系统规划方法……对高净值人士及其家庭而言，财富管理不仅仅涉及资产的配置，更涉及对财富风险的系统管理与规划。规划力，是一个家族穿越经济周期最核心的能力。

然而，认识、了解风险，进而高效地进行风险规划，对于很多高净值人士来说，是一件陌生且超出能力范围的事。基于财富管理的复杂性与个性化，家族的掌门人、核心人物不仅要请自己最信任的专业机构从旁协助，更要亲力亲为，从宏观和微观上进行认知突破与知识积累，才能真正为家族制定出有效、适合的整体规划方案。家族的核心人物参与、

思考得越深入，规划的准确性就越高、颗粒度就越小。

因财富风险而产生的焦虑是真实的，急需做系统规划的需求也是真实的，而横亘在两者之间最大的障碍，就是高净值人士自身对财富风险的认知沟壑。要想应对未来的不确定性与挑战，家族的核心人物要全力以赴，从对私人财富管理的认知开始"破冰"，系统地学习、了解这些陌生领域的知识架构与具体要素，完成认知迭代。

那么，事务繁忙的高净值人士，应当如何快速学习私人财富管理方面的知识并了解相关工具呢？笔者作为国内最早专注于私人财富法律服务的律师之一，拥有诸多为高净值家族服务的经验，结合这些经验，我认为可以优先从以下三个方面进行认知突破。

认知突破一：厘清三类家族财富治理机制

2021年招商银行联合贝恩公司发布的《2021中国私人财富报告》显示，2020年，可投资资产在1000万元人民币以上的中国的高净值人士数量已达262万人，共持有可投资资产84万亿元人民币。该报告还显示，除了"保证财富安全"和"创造更多财富"这两个最重要的财富目标，"传承安排规划"与"家族企业治理"成为越来越多的高净值人士的迫切需求。

近年来，经过金融机构的不断教育，很多高净值人士已经具备基本的风险规划意识，但对于如何做还不够清楚。笔者认为，要想设计出一个好的家族财富规划方案，需要先对家族资产进行基本的分类、梳理，因为不同类型的资产会涉及不同的保障与治理机制。结合笔者团队之前服务过的家族财富规划案例，我们可以根据不同的功能和性质，把家族资产分成三类。

1. 经营类资产

这类资产主要包括家族企业股权和其他权益类资产。对于企业家的家庭而言，家族企业股权往往是核心财富，而且这种核心财富是动态的，其价值取决于企业的经营管理与传承是否平稳。因此，对于经营类资产，企业家不仅需要考虑一般性的风险如债务、税务等，还要考虑家族企业治理的优化方法、企业股权的所有权与经营权传承机制，以及第二代接班人的培养制度。鉴于改革开放后的第一代企业家大都年事已高，家族企业股权与管理权传承的代际迁移时代即将来临，如何提前规划，是摆在中国民营企业尤其是家族企业面前的社会性课题，需要家族掌门人专门抽出时间去深入思考，并做针对性的整体安排。经营类资产是家族资产治理中最复杂、最考验规划力的一类资产，其认知的重点在于系统的宏观思考能力，比如对家族企业的外部因素（如行业特点、企业发展周期）与内部因素（如接班人的能力、意愿和人选）的综合考量。

2. 非经营类资产

非经营类资产主要包括家庭房产、金融资产和其他动产等。这些资产是家族长期积累的结果。在拥有家族企业的家庭中，这些资产大多是由企业经营成果转化而来的。这些资产主要面临的风险有：家庭成员的婚姻、继承风险，个人或企业的债务、税务风险，因家庭成员国籍身份变动带来的法律和税务风险等。与经营类资产的治理机制相比，非经营类资产的治理机制相对简单，认知重点在于了解具体的风险点和相应的防范、化解工具，能够根据律师、财富管理机构的建议，做出定制化的风险防范规划。

3. 家族精神资产

这类资产虽然无法估值，却直接决定了家族的凝聚力、向心力以及家族的社会评价与家族荣誉。过去 40 多年，中国聚集全社会的力量埋头搞经济,迅速积累了大量的财富。其中有太多勤奋、进取的家族故事,构成了一个个家族得以长久传承的精神内核。家族财富的保障与传承,绝不只是针对有形资产,影响家族百年基业的,一定是家族的无形资产,即家族精神资产。所以,针对这类资产,认知重点在于如何提炼与总结家族精神,并通过制度设计让家族精神一代代传承下去。

高净值人士可以从上述三类资产入手,梳理其现状及希望形成的治理机制。但基于私人财富规划的复杂性,仅依靠这个框架是不够的,我们还要结合其他维度进行综合考量。

认知突破二:思考家族财富规划的六个核心维度

1. 生前赠与还是身后传承

在考虑传承安排时,无论是股权、房产还是金融资产,高净值人士都要考虑是生前赠与,还是身后传承?不同的传承方式具有不同的法律效果。比如,生前赠与,虽然可以产生确定的传承效果,但是自己可能会失去对所赠与财产的控制力,而子女可能会肆意挥霍财产;身后传承,虽然可以确保自己在生前牢牢控制财富,但是身后容易出现遗产纠纷。这二者如何安排,是高净值人士需要思考的第一个维度。

2. 婚前传承还是婚后传承

第二个维度是:家族资产的传承是在子女婚前进行,还是在婚后进行?高净值人士可以在子女婚前通过赠与或其他方式传承资产,其好处是这笔资产属于子女的婚前个人财产,能在一定程度上防范子女的婚姻财富风险,但年轻的子女能否有效管理这笔资产,也存在一定的风险。而且在实践中,一般不太可能在子女婚前就完成所有资产的传承,需要在子女婚后进行传承的资产会比较多。因此,如何应对子女婚前和婚后传承的风险，如何既维护家庭和谐又有效保护家族资产，如何平衡各方利益，就需要高净值人士了解各个法律、金融工具的特点，把握好子女婚前和婚后传承的节奏。

3. 国内传承还是国外传承

对于高净值人士而言，资产和家庭成员可能是"国际流动"的，很多家庭有境外房产、股权、金融资产的配置，家庭成员的国籍身份也各有不同。那么，针对家庭成员的婚姻、继承、税务、企业接班等问题，由于资产、人员所属的国度不同，其涉及的法域自然也不同。这就会面临复杂的涉外法律关系的挑战。如何提前了解、应对此类风险，是一个很复杂也很重要的问题，也是一部分高净值人士亟待解决的问题。

4. 被动传承还是主动传承

大多数中国人没有写遗嘱、主动做传承规划的习惯，这就导致继承发生时，只能按照法律规定进行法定继承，使得被继承人一生积累的财富很可能无法按照自己的心愿进行分配。所以，利用遗嘱、遗嘱信托、家族信托、人寿保险等工具进行主动传承，就是高净值人士规划力强的直接体现。

5. 股权传承还是衣钵传承

家族企业最理想的传承方式，是子女继承股权并接手家族企业的经营管理权。但是在现实中，很多子女没有能力或没有意愿接班。所以，在家族企业传承的规划中，一个需要重点考虑的维度就是股权的所有权和管理权是否要分别传承，以及如何做好企业传承的人员安排。

6. 使用传统型工具还是创新型工具

在家族财富规划中，肯定会涉及落实规划方案的工具。传统型工具有遗嘱、赠与协议、公司章程等，创新型工具有家族信托、人寿保险、居住权规划、意定监护、遗嘱信托等。如何取长补短，在保障实现目标的前提下综合运用各种工具，并形成动态可调整的规划方案，十分考验家族核心人物的认知以及与专业机构配合的能力。就这一点，笔者尤其需要强调的是，本土化的解决方案、专业人士的建议和经验积累，往往能更好地帮助高净值人士实现财富规划目标。

认知突破三：通过"三识"渐进提升家族规划力

1. 积累通识，提供思考基础

实现家族财富保障和传承，是高净值人士日益迫切、清晰的需求。但是对于如何规划、谁来帮助规划、用什么工具规划、这些工具能达到什么效果等问题，部分高净值人士毫无头绪，亟须了解一些基本的知识。很多家族明知规划重要，却又犹疑不决、裹足不前，不是因为没有专业团队的帮助，而是因为家族核心人物不具备通识，力有未逮。

2. 增长见识，激发思考与行动力

有了基本的知识储备之后，我们就可以通过一些或正面或负面的典型案例，进一步了解家族财富面临的挑战以及规划与否的区别，这实际上就是增长见识的阶段。老话说，"吃一堑，长一智"，但我认为更智慧的方式是"别人吃一堑，自己长一智"。我的很多客户之所以把家族财富规划从"重要但不紧急的事项"提升为"重要且紧急的事项"，委托我和团队进行整体服务，就是因为遭遇了"触发事件"。这个触发事件往往是客户身边或新闻里真实发生的风险案例，它们直接激发了客户的执行力。所以，学习、了解更多财富风险案例，可以有效帮助客户增长见识。本书收录了很多案例，就是为了满足读者这方面的学习需求。

3. 渐次形成家族共识，实现财富规划

具备了通识与见识，接下来就需要形成家族共识。我服务过很多家

族，我发现，一个家族若能够顺利地制定与执行财富传承方案，往往依赖家族内部成员对方案、传承目标与愿景达成高度共识。共识的达成，保证了家族财富规划的高效与执行的顺畅。所以，家族共识是财富规划的重要影响因素之一。当然，家族共识也是需要教育与学习的，需要整个家族成员，包括第一代与第二代、掌门人与配偶，都抽出精力，内部不断对齐认知，渐次达成。需要提醒的是，达成家族共识的过程虽然很复杂，甚至很艰难，却是非常重要、不能跨越的一环。搞一言堂式的传承方案，效果往往会大打折扣。

这本书的形成及如何使用

作为最早从事财富管理的专业律师之一，我早期的很多工作是帮助客户进行认知和理念上的"破冰"，帮助客户形成正确的财富管理理念。为了帮助更多客户实现财富管理"三识"的提升，2017年我开设了个人公众号"薛京律师"，开始了我的专业分享。几乎每周，我都会分享一篇有关财富管理的原创文章，从2021年开始，我更是坚持在每周五分享财富管理领域的最新资讯。我希望每篇文章都提出一个真问题，或一个高频的财富管理痛点，并尽力提出解决问题的建议，至少尝试指出方向。在繁忙的工作之余，坚持高质量的输出的确颇有压力，我的动力来自一个小小的使命感：帮助更多人了解财富管理，在通识、见识和共识上向前迈步。

这些文章主要分为几类：第一类是向读者介绍财富管理的理念与最新资讯，帮助读者理解财富管理这个领域到底管理什么，即What（什么）；第二类是分享财富管理的工具及如何运用，不同的工具有哪些功能、哪些利弊，即How（如何）；第三类是分享比较典型和热门的财富管理案例，包括成功的和失败的，分析成败的原因及可以借鉴的经验与教训，即 Why（为什么）；第四类是分享在财富管理生态系统中，客户、专业机构、家庭成员、家族企业如何彼此互相影响，如何形成各自的角色及如何发挥各自的作用，即 Who（谁）。

我在写作这篇序言时，已发表百余篇原创文章，更新了 60 多期财富管理领域的动态与资讯。阅读我的微信公众号文章，已经是很多高净值人士、财富管理从业者和律师同行的习惯。发表这么多文章后，越来越多的同事、同行、客户不约而同地提出了一个建议：为什么不把这些"干货"结集成书，分享给更多的读者呢？——这就是本书的由来。我希望这本书能给大家提供更多思考的支点，帮助更多人减少财富风险认知盲区，提升家族财富规划力。在写每一篇文章时，我并没有想到它会变成一本书里的某个章节。经过与策划人吕征老师的深入探讨，我们一致认为，以这些文章为素材，完全可以写出一本内容丰富、结构完整的图书。

全书分为 5 章，包括企业财富、财富传承、婚姻财富、财富工具与政策解读，共 33 节。本书通过分析真实案例，并给出具体的规划方案与风险防范措施，帮助高净值人士了解企业、婚姻财富的保护方法，财富传承的维度与工具，以及财富管理新政策给他们带来的深刻影响。

不论您是高净值人士、对财富管理感兴趣的律师，还是金融机构或财富管理相关业务的从业者，我都建议您先通读本书，然后根据目录重点阅读您感兴趣或者与您手头的工作、问题相关的章节。您也可以订阅我的微信公众号和视频号"薛京律师"，我会不断更新专业内容及业界最新动态与资讯。

在整理书稿的过程中，我重温了自己这几年来对财富管理的观察与思考，看到了财富管理理念的不断普及与进步。这些进步固然让人欣喜，但还远远不够，还有太多的问题和风险需要我们去解决，还有太多的专业难关等待我们去克服。我希望能凭着自己的专业和坚持，为整个财富管理行业的发展略尽绵力。初心在此，不敢或忘。

我相信，认知的边界决定了财富的边界；我也相信，在提升财富规划力这件事上，一分耕耘一分收获，早播种早收获。与所有的读者朋友共勉！

薛 京

2022年3月早春于北京

目录

第一章　企业财富

第一节　近亲属之间代持企业股权，这些风险不可不防 // 003

第二节　如何引入私募股权基金，优化家族企业治理结构 // 008

第三节　企业融资对赌失败，回购股权的义务主体到底是谁 // 013

第四节　"私募大鳄"入狱后的离婚案启示：创富与守富同等重要 // 020

第五节　一场稳准狠的创富之战：某咖啡连锁品牌上市与家族信托 // 025

第二章　财富传承

第一节　隔代传承的法律要点有哪些 // 033

第二节　继子刘星能继承夏东海的遗产吗？法院的判决让人惊讶 // 038

第三节　国人继承成本认知盲区：被忽视的继承权公证费 // 043

第四节　父母过世，银行存款成谜，子女怎样查清隐秘的遗产 // 050

第五节　某集团公司5年痛失两代掌门人：必不可缺的传承预案 // 055

第六节　创始人英年早逝，公司深陷股权纠纷——提前规划真的很难吗 // 063

第三章　婚姻财富

第一节　杭州女子失踪案启示：再婚家庭如何避免利益纠葛 // 073

第二节　离婚的时候，儿媳可以要求分割公婆的遗产吗 // 083

第三节　赔了夫人不能折兵：父母如何给已婚子女出钱买房？// 092

第四节　境外置业的雷区——辛苦奋斗，国外买房，一朝离婚难分割 // 100

第五节　境外婚姻效力：拉斯维加斯一站式结婚，中国法律承认吗 // 108

第四章　财富工具

第一节　财富传承的顶层设计，需要传统型与创新型的工具相结合 // 115

第二节　设立家族信托后，信托财产能否被强制执行（上）// 123

第三节　设立家族信托后，信托财产能否被强制执行（下）// 132

第四节　家族宪章的功能与运用——从家族宪章入手规划家族传承 // 141

第五节　如何协助家族做好慈善事业，完成家族精神传承 // 154

第六节　慈善信托：高净值人士家族慈善模式新选择 // 164

第七节　家族慈善基金会：家族治理与精神财富传承利器 // 173

第五章　政策解读

第一节　财富面纱层层被揭开，高净值人士全球资产隐形日益困难 // 181

第二节　《民法典》创设居住权，会不会实现国人的"诗与远方" // 189

第三节　意定监护：将最后的岁月托付给"后天亲人" // 197

第四节　《民法典》"璞玉"遗嘱信托，应对私人财富传承的复杂性 // 209

第五节　从何氏家族传承看《民法典》中的新制度——遗产管理人制度 // 217

第六节　城镇户籍的子女有权继承农村宅基地，这条新规激起浪几层 // 228

第七节　房地产税立法势在必行，家庭资产配置多元化与时俱进 // 236

第八节　股权转让"先完税，后登记"新规，对股权财富影响有多大 // 243

第九节　深圳市给创业者新机会，国内首推个人破产制度 // 252

第十节　"共同富裕"及相关政策出台，对私人财富有哪些影响 // 258

第一章
企业财富

第一节　近亲属之间代持企业股权，这些风险不可不防

在中国的民营企业中，股权代持是很普遍的现象，原因则五花八门。由于民营企业的存续周期大多为3~5年，因此大多数企业家的注意力聚焦于怎么让公司活得久、活得好，而对股权代持的风险甚少关注。

下面，笔者就结合自己经手的一宗传承案件，为大家梳理一下股权代持中的隐秘风险。

一、老人过世，代持股权成遗产

陈总是一位企业家，早年成立公司时，由于当时不能注册一人公司，他就用父亲的身份证添加了一个股东。公司注册下来，陈总的股权占60%，陈父的股权占40%，但陈父只是挂名股东，陈总的家人都了解这个情况。在陈总的努力下，公司经营得风生水起，成为当地的一家龙头企业、利税大户。

陈总有两个哥哥、一个妹妹，母亲很早就去世了。由于陈家兄妹各有自己的事业要忙，父亲一直由一个保姆照顾。2021年，父亲

突然去世，没有留下任何遗嘱。料理完老人的后事，陈总便开始着手将父亲名下40%的公司股权过户给自己。当他申请将股权过户到自己的名下时，却碰了个大钉子——市场监督管理局不给办理！

为什么会这样呢？因为在市场监督管理局的眼里，这部分股权是陈总父亲的遗产，要想过户到陈总个人的名下，陈总就得证明：父亲的其他继承人都放弃了对股权的继承，自己是唯一有权继承的人。

因为陈总的父亲没有留下遗嘱，所以他的遗产只能适用法定继承的规定。那么，陈父的法定继承人有几个呢？大家都知道，根据《中华人民共和国民法典》（以下简称《民法典》）的规定，第一顺序法定继承人为配偶、子女和父母。陈老爷子的妻子早逝，父母也早已不在，因此他的法定继承人就是自己的子女——陈总兄妹四人。由于陈总之前没有和父亲签署股权代持协议，为了顺利获得股权，他提出给每个兄妹补偿10万元。好在大家一直相处融洽，几家人的生活条件也不差，所以兄妹三个都非常配合陈总，签字表示放弃对股权的继承。

二、没想到，又冒出一个后妈

现实生活远比电视上的家庭伦理剧更"狗血"，正当陈总以为事情就此搞定的时候，又出现了一个意外状况。家人提出要辞去一直照顾陈老爷子的小保姆，毕竟陈老爷子已经去世，保姆没有留下的必要了。这个时候，保姆却说："其实我早就不是你们家的保姆，而是你们的后妈了。"

保姆是外乡人，姓赵，大家平时都叫她"小赵"。小赵聪明、有心机，照顾陈老爷子非常周到，深得陈老爷子的信任，陈老爷子连身份证都交给她保管。小赵因利乘便，在陈老爷子没有现身的情况下，在老家民政局和 80 多岁的陈老爷子领取了结婚证——如假包换的两个"红本本",还有陈老爷子与她的合影。

事情来了,除非陈家兄妹能够证明父亲和小赵的这个婚姻登记无效,否则真是花钱雇了个后妈,还得和小赵分房分钱分股权!如果小赵真是陈老爷子的合法配偶,那她至少可以分得二人婚后的收入,包括陈老爷子股权分红的一半,并且可以以配偶的身份继承属于自己的那五分之一份额的遗产。就股权而言,即使兄妹三人放弃,陈总也要和小赵平分这 40% 的股权。

因此,陈总和兄妹三人只得放下股权过户的事,先去打假。经过艰难取证,陈家兄妹证明了陈老爷子没有亲自到现场登记结婚,也未与小赵以夫妻身份共同生活过,不具备婚姻生效条件,诉请法院确认婚姻无效,得到法院的支持。一番折腾下来,陈家兄妹总算击退了小赵的"进攻"。

三、人事调档,查出陈老爷子不为人知的秘密

接下来,心力交瘁的陈总以为终于可以将股权过户了,不料市场监督管理局的工作人员说,要想将股权过户,得提交一个文件——继承权公证书。

所谓继承权公证书,不同于遗嘱公证,它是在被继承人去世后证明申请人有相应继承权的公证文件。也就是说,申请过户的人说自己有继承权不行,得让公证处出具公证书证明他所言不虚,市场监督管理局才能据此过户。目前,我国在办理股权、存款、房产的遗产过户手续时,公司、银行、房屋登记机关大多会要求当事人出具这个继承权公证书。

陈总想,真的假不了,那就出呗。于是他到公证处说明情况:其他

继承人都放弃了股权,就他一个继承人,请出具继承权公证书。让陈总吃惊的是,公证处的工作人员告诉他:你说了不算,我们要进行独立的调查取证——死亡事实、遗产权属情况、与死者有关的继承人情况等,都得查清楚。调查的形式包括:当事人谈话笔录、证人调查笔录、单位书面证明、人事档案摘记、电话传真核实等。

就在公证处调查陈老爷子的人事档案时,一桩陈年旧事浮出水面——陈老爷子在20世纪50年代曾在老家结过一次婚,还育有一女。这么多年,陈老爷子和前妻从未联系过,所以陈家兄妹从不知道有这么一个大姐。公证处的工作人员外调时发现,这个姐姐还在人世。这就意味着,她也是陈老爷子的法定继承人。不仅股权,连陈老爷子的其他遗产,她也有继承权。

刚打走一个假后妈,又来一个真姐姐!陈总只好千里迢迢去认亲,费尽波折说服同父异母的大姐出现在公证处,同意放弃继承权,代价是帮助大姐的儿子在农村盖三间房。

四、最后的结果,谁也没想到

到了这里,终于可以拿到公证书了吧?是可以了,不过得先交费——不同于遗嘱公证按件收费,继承权公证书按照遗产标的进行收费。

交多少费用呢?

根据《中华人民共和国公证法》第四十六条:"公证费的收费标准由省、自治区、直辖市人民政府价格主管部门会同同级司法行政部门制定。"以北京市为例,根据现行《北京市实行政府指导价的公证服务项目目录和收费标准》,证明继承权的公证服务收费标准如下:

证明财产继承、赠与和遗赠		
按受益额比例收取。证明单方赠与或受赠的，减半收取	20万元（含）以下的部分	0.9%（按比例收费不到200元的按200元收取）
	20万元~50万元（含）的部分	0.7%
	50万元~500万元（含）的部分	0.5%
	500万元~1000万元（含）的部分	0.3%
	1000万元以上的部分	0.1%

在本案中，应当如何计算股权的受益额呢？据笔者向相关公证处了解，股份有限公司可以按照市价计算，有限责任公司可以按照股权的净值计算——净值依据最近一期公司审计报告确定。陈总的公司在公证时，净资产已经达到了2亿元，40%的股权对应的净资产为8000万元。以北京为例，按照现行标准分段计算，最后要交十几万元的公证费。

完成交费、拿到继承权公证书，股权过户后，陈总内心五味杂陈——明明是自己的股权，只是挂在父亲的名下，竟这么费事、费钱。

总结来看，由于陈总不了解股权代持的各种隐秘风险，导致他在父亲去世后，自己面临以下风险：第一，股权被代持人的法定继承人分割的风险——股权成为遗产，必须说服哥哥、妹妹、同父异母的姐姐放弃继承权；第二，包括股权在内的父亲的遗产被保姆觊觎的风险；第三，继承股权需要提交继承权公证书，而公证手续烦琐、费用高昂。

那么，针对本案所反映的近亲属之间代持股权的风险，我们应当如何防范呢？笔者有以下三点建议：（1）要签署书面的股权代持协议，以免其他继承人不承认代持关系；（2）关注老人的生活状况，以免老人被欺诈、骗婚；（3）在老人生前，根据其身体情况，及时将股权变更过户，避免身后过户的诸多麻烦。

最后我要再次提醒大家，无论您出于何种动机选择股权代持，都一定要谨慎安排，提前了解其中的法律风险，避免遭受损失。

第二节　如何引入私募股权基金，优化家族企业治理结构

通过多年为家族企业提供法律服务，笔者深感企业家族化管理模式难以有效整合各种资源，"治理结构不完善"日益成为家族企业发展的瓶颈。如何借助外部力量优化企业治理结构，是诸多家族企业面临的重要问题。那么，应该怎样引入外部投资者，以实现家族企业内部治理的优化呢？笔者以自己经办的一宗案件为例，为大家进行解析。

张总早年进入地产行业，通过开发住宅项目赚了很多钱，其企业成为当地的龙头企业，他本人也是当地的优秀企业家及人大代表。但是，最近企业的发展遇到了瓶颈，主要问题如下：

（1）企业逐渐退出当地的住宅开发市场，谋求转型，开始布局旅游、休闲房地产开发。由于新项目投资周期长，银行贷款额度无法满足企业对资金的要求，急需引入外部投资者。

（2）集团公司下设五个子公司，分别负责新老项目，但母公司、子公司全部由张总绝对控股（部分股权通过家庭成员、高管代持）；母公司与各子公司的股东会、董事会人员基本上是同一班人马，母公司、子公司的重大决策几乎都是张总一个人说了算，高管团队大多是跟随

张总多年的老部下，对张总言听计从，集团公司整体管理效率低下。

（3）团队管理观念滞后，公司缺乏激励机制，管理团队缺乏促进企业转型的主动性和积极性。

通过与律师沟通，张总认识到企业的转型与升级首先是公司治理方面的升级，仅解决资金困难问题，而不同时完善公司治理，是难以实现公司的战略目标的。在张总和律师团队的共同努力下，集团公司制定了公司融资及股权优化方案，即通过对管理团队进行股权激励、引入外部投资者，完成了公司的融资及治理结构的优化。

一、私募股权基金投资文件的约定条款

在引入私募股权基金（以下简称基金投资人）的过程中，张总的公司与基金投资人签署了系列投资文件，以明确双方的权利与义务。在私募股权投资中，对于基金投资人的权利保障及公司治理结构，投资文件中一般会约定以下条款。

1. 董事会席位条款

即约定基金投资人入股后公司董事会的人员构成。本案中，基金投资人进入后，公司董事会由五名董事组成，其中三名由原董事会派出，两名由基金投资人派出。

2. 投资人的保护条款

本案中的投资文件约定，公司以下事项必须经董事会讨论，且必须有基金投资人的赞同票方能通过：

（1）导致公司债务超过100万元的事由，超过100万元的一次性支出；

（2）公司及子公司的并购重组、控股权发生变化，出售公司大部分

或全部资产；

（3）公司管理层工资、福利的实施计划；

（4）员工股权激励计划；

（5）公司购入与主营业务无关的资产或进入非主营业务经营领域；

（6）公司给第三方的任何技术或知识产权的转让或许可；

（7）任何与公司原始股东或员工有关的关联方交易。

3. 共售权条款

基金投资人对公司的投资完成后，大股东欲出让股权给第三方时，基金投资人可以以同等条件将所持股权出售给第三方，第三方拒绝购买基金投资人持有的公司股权的，大股东亦不得出售其股权。

4. 限售权条款

在本次投资后的特定期限内，除非基金投资人同意，否则特定范围内的公司管理人员不得将股权转让给任何第三方。

5. 防稀释条款

基金投资人有权按股权比例参与公司未来的所有增资。

6. 其他条款

根据融资项目的实际情况，融资方可以与基金投资人协商确定其他具体条款，如对赌协议、优先分红权、可转换债等。

二、引入外部投资人，实现股权及治理结构的优化

通过引入外部投资人，张总的公司解决了融资难的问题，同时因为外部股东的加入，实现了股权及治理结构的优化。具体体现在以下三个方面。

1. 实现股权多元化，促进决策的科学与合理

张总对母公司原为绝对控股，实际持有股权为95%。通过对管理团

队进行股权激励、引入外部投资人，现母公司股权结构如下：张总52%，管理层15%，外部投资人共计28%，其他原始股东5%。基金投资人和管理层的加入改变了母公司的股权结构。公司对重要事项进行决策时，股东会不再是走过场，大股东张总必须接受其他股东，尤其是基金投资人的监督和制约，从而减少了公司决策的随意性，在大股东不失去控制权的同时，促进公司决策的科学与合理化。

基金投资人投资企业并非谋求控股，而是为了获得收益并顺利退出，所以，基金投资人往往主动将其丰富的企业管理经验、资本运作能力及有关技术带入被投资企业，为企业提供全方面的服务，有助于企业实现价值最大化，促使被投资企业改善公司治理结构，实现经营管理的升级。

2. 派员进驻董事会，促进董事会的规范与独立运行

基金投资人投资企业后，一般会派遣人员进驻董事会。由于基金投资人通常以出售股权的方式退出，所以为了其自身利益，基金投资人往往会在董事会中积极发挥作用，促使公司建立完善的董事会制度。

本案中的母公司被投资后，董事会的召开不再流于形式。基金投资人派出的董事是旅游、地产领域的专家，弥补了公司在旅游、地产领域经验不足的短板，其对公司的战略规划、经营计划和投资方案、管理团队人员的选聘等方面，都积极行使了外部董事的职责，促进公司建立真正具有独立性的董事会。

3. 实现对管理团队的激励与约束

优秀的基金投资人具有丰富的人力资源管理经验，有助于家族企业管理团队"去家族化"，通过建立股权激励与约束机制，促使股东和高管利益一致，更好地吸引和留住人才。本案中，通过对管理层进行股权激励，公司原有管理层的经营主动性明显提升，同时公司也以薪酬与股权激励相结合的方式引入了新的管理团队。

三、律师建议

股权结构不合理及治理结构不完善制约了家族企业的发展,而引入私募股权基金是有效优化家族企业治理结构的方式之一。笔者结合多年执业经验,对优化家族企业治理结构提出以下参考意见:

第一,家族企业应把公司的战略转型和梳理公司股权、规范公司持股结合起来,根据家族成员的贡献及在家族企业中的分工,设立合理的持股结构,同时保证核心原始股东的实际控制地位。

第二,家族企业应敢于向管理团队、外部投资人释放公司股权,实现公司股权结构与治理机制的优化。

第三,家族企业应建立规范的公司治理制度,让外部投资人参与公司治理,利用外部股东的丰富经验完善公司的战略发展规划与商业模式。

企业股权可以说是高净值人士最重要的财富组成部分,通过优化治理机构,可以有效提升企业股权的价值,实现高净值人士财富的增长。笔者发现,对家族企业而言,引入外部投资人不仅可以获得资金,还可以借助外部力量优化、升级家族企业治理结构。如何把握和转化,需要企业家的智慧与格局,也需要借助专业团队的力量。

不过,在引入外部投资人的过程中,公司创始人也要注意,股权融资是有成本的。一旦企业不能满足投资文件的条件,可能会背负回购股权的巨额债务,更有甚者会因为对赌失败而丧失对企业的控制权。可以说,引入外部投资人就好比联姻,结局是锦上添花还是雪上加霜,都有可能。所以,创始人在选择外部投资人时必须慎重,不光要看投资人能否给企业带来资金上的支持,还要看投资人与企业、创始人的价值观、战略目标是否一致,避免未来在经营遇到瓶颈时发生争议。

第三节　企业融资对赌失败，回购股权的义务主体到底是谁

在经济不景气的情况下，很多创业项目的投资人为保障自己的投资利益，纷纷开始设置对赌条款，要求创始人回购股权。笔者也接到过不少类似的咨询：在企业融资与投资人签署的对赌协议中，如果企业没有达到要求的业绩，回购投资人股权的义务主体到底是被投资的公司（以下简称目标公司），还是大股东？如果是大股东，是否属于夫妻共同债务？触发对赌条款后离婚，还来得及避免夫妻共同还债吗？笔者先从一个真实的案例讲起。

黄先生博士毕业后和几个同学创立了一家科技公司。由于立项好、市场需求大，公司发展得很快。2018年12月，一家业内有名的风投机构打算对黄先生的公司进行溢价增资，为公司未来上市提供资金。公司和投资人签署了增资协议，约定投资人增资2000万元，认购500万元新增注册资本。协议还约定，公司在2019年、2020年、2021年这三年，每年营业收入提高2000万元。三年中任何一年没有完成此业绩目标，投资人均可要求公司按约定价格回购股权。同时，协议约定公司创始人黄先生对上述公司回购义务承担保证责任。

遗憾的是，2019年和2020年，黄先生的公司连续两年均未达到约定的营业收入目标。2021年4月，投资人通知公司启动股权回购程序。接到通知后，黄先生为了防止家庭财产遭受损失，紧急与妻子协议离婚，约定名下所有的财产全部归妻子所有，并办理了离婚登记手续以及财产权属变更手续。

黄先生的操作，可以说是一个企业家对赌失败后的自然反应，但是，他并没有梳理清楚这里面的法律关系。首先，该增资协议约定的"业绩未达标，公司回购股权"的条款是否有效？毕竟公司回购后有可能造成公司财产减少，损害其他债权人利益；其次，如果协议无效，投资人能否主张保证人黄先生履行保证责任？最后，如果回购义务由黄先生承担，回购股权的钱是否属于夫妻共同债务？夫妻离婚能达到所谓的避债效果吗？

对赌风险产生后，其实触发的是两个法律关系中利益主体的法律保护机制，即外部的债权债务关系及夫妻内部的离婚财产分割关系。下面，我们来逐一分析。

一、公司作为回购股权主体，对赌协议是否有效

关于公司作为回购股权主体，而非股东承担回购义务的对赌条款是否有效，我国的相关法律规定经历了有趣的变化。

案例

案号：（2012）民提字第11号

审理法院：最高人民法院

案情简介：2007年11月1日，甘肃众星锌业有限公司（以下简称众

星公司)、海富公司、迪亚公司、陆某共同签订了一份《甘肃众星锌业有限公司增资协议书》。该协议书约定，众星公司注册资本为384万美元，迪亚公司占投资的100%。各方同意海富公司以现金1000万元人民币对众星公司进行增资，并约定了业绩目标——众星公司2008年的净利润不低于3000万元人民币，如果不能达到该业绩目标，海富公司有权要求众星公司予以补偿；如果众星公司未能履行补偿义务，海富公司有权要求迪亚公司履行补偿义务。补偿金额=（1-2008年的实际净利润/3000万元）×本次投资金额，并有股权回购约定：如果至2010年10月20日，由于众星公司自身的原因造成其无法上市，则海富公司有权在任一时刻要求迪亚公司回购届时海富公司持有的众星公司的全部股权。由于众星公司未能达到业绩目标，海富公司要求启动股权回购程序。后因众星公司和迪亚公司均未按约定回购股权，故海富公司诉至法院。

法院认为：投资者（海富公司）与目标公司（众星公司）之间投资补偿条款无效。因为在民间融资、投资活动中，融资方和投资者设置估值调整机制（即投资者与融资方根据企业将来的经营情况调整投资条件或给予投资者补偿）时要遵守《中华人民共和国公司法》（以下简称《公司法》）和《中华人民共和国合同法》（以下简称《合同法》）[①]的规定。投资者与目标公司之间的补偿条款如果使投资者可以取得相对固定的收益，则该收益会脱离目标公司的经营业绩，直接或间接地损害公司利益和公司债权人利益，应认定无效。

最高人民法院认定对赌协议无效的海富公司一案成为各地法院的指导案例，之后投资人在签署对赌协议时，也纷纷避免公司作为回购主体。但是，该案例倾向于保护公司债权人，也引发了一个利益不平衡：自然

---

① 自2021年1月1日起，《民法典》正式施行，《民法典》合同编取代《合同法》。

人承担责任的能力往往低于公司，尤其是创业阶段的股东，很可能全部家当都要投入企业。如果只能规定股东作为回购主体，投资人会担心投资利益得不到很好的保护，客观上不利于私募股权投资的发展。

2019年11月《全国法院民商事审判工作会议纪要》（以下简称《九民纪要》）的出台，修正了海富公司一案确立的"无效"意见。《九民纪要》规定："投资方与目标公司订立的'对赌协议'在不存在法定无效事由的情况下，目标公司仅以存在股权回购或者金钱补偿约定为由，主张'对赌协议'无效的，人民法院不予支持。"也就是说，《九民纪要》明确了目标公司回购股权的"对赌条款"原则有效，但是否能启动股权回购程序，还需要法院审查以下事实。

1. 投资方与目标公司约定回购股权

公司为有限责任公司的，需要审查回购股权的行为是否属于《公司法》第五十三条规定的股东抽逃出资（抽逃出资的核心审查点为损害公司权益）＋目标公司是否完成减资程序。

公司为股份有限公司的，需要审查回购股份的行为是否满足《公司法》第一百六十二条规定的公司回购本公司股份的条件＋目标公司是否完成减资程序。

2. 投资方与目标公司约定承担金钱补偿义务

法院需要审查承担金钱补偿义务的行为是否属于《公司法》第五十三条规定的股东抽逃出资＋《公司法》第二百一十条规定的利润分配强制性规定＋目标公司的利润是否足以补偿投资方。

因此，黄先生这样的情况，只要对赌协议不存在合同无效的法定事由，那么公司回购投资人股权的协议应为有效。不过是否能实际启动回购程序，还需要审核目前情况是否满足笔者上述列举的情形。

二、股东为对赌协议承担保证责任是否成立

既然对赌协议作为主合同是有效的,那么我们再来考虑第二个问题:以黄先生为保证人的保证合同是否有效呢?

根据《民法典》的相关规定,只要主合同双方并未串通,骗取保证人提供保证或者主合同债权人并未以欺诈、胁迫等手段要求保证人提供保证的,保证合同有效。因此,若无特殊情况,黄先生的保证合同是有效的。

但这里有几点需要当事人注意。

1. 黄先生承担的是连带责任保证还是一般保证

根据《民法典》合同编第六百八十六条的规定,在上述合同中,如果明确约定黄先生承担的是一般保证,或者对保证方式没有约定或约定不明确,那么他只需承担一般保证责任,即对债务人不能履行的部分承担补充责任;如果约定为承担连带保证责任,黄先生将对上述债务承担连带保证责任,即债权人可直接要求保证人承担全部债务。

2. 黄先生承担保证责任的时间

根据《民法典》合同编第六百九十二条的规定,如果合同中有约定的,按照合同约定来确定保证期间;未约定或约定不明确的,保证期间则以主债务履行期届满之日起六个月计算。

需要注意的是,保证期间为除斥期间[①],不延长也不中止。所以,如果投资人没有及时要求黄先生承担保证责任,黄先生可在保证期间结束后完全免责。

---

① 除斥期间,也称不变期间,是指法律对某种权利规定的存续期间。

3. 黄先生承担的保证责任是否为夫妻共同债务

《民法典》婚姻家庭编第一千零六十四条规定，夫妻一方在婚姻关系存续期间以个人名义超出家庭日常生活需要所负的债务，债权人能够证明该债务用于夫妻共同生活、共同生产经营或者基于夫妻双方共同意思表示的，属于夫妻共同债务。

所以，笔者认为黄先生的保证责任，原则上应是个人债务。但是，如果债权人能够证明该债务用于夫妻共同生活、共同生产经营或者是经妻子同意的，就会被认定为夫妻共同债务。

三、离婚可以起到合法避债的作用吗

黄先生为了规避债务，急匆匆离婚并净身出户的行为，是否可以达到合法避债的效果呢？

首先，该债务虽然产生在婚姻关系存续期间，但它并不必然是夫妻共同债务。仓促离婚可能是多此一举，甚至造成真离婚的风险。

其次，若该债务属于夫妻共同债务，即便将财产约定为妻子所有，根据《最高人民法院关于适用〈中华人民共和国民法典〉婚姻家庭编的解释（一）》（以下简称《民法典婚姻家庭编司法解释（一）》）第三十五条第一款的规定："当事人的离婚协议或者人民法院生效判决、裁定、调解书已经对夫妻财产分割问题作出处理的，债权人仍有权就夫妻共同债务向男女双方主张权利。"所以，黄先生和妻子离婚后，妻子名下的财产仍会被执行还债，离婚无法躲避共同债务。

最后，若该债务是黄先生的个人债务，其恶意处置个人财产（全部转移到妻子名下）的行为，造成自身责任财产减少，已经损害了债权人的利益。根据《民法典》总则编第一百五十四条的规定："行为人与相对人恶意串通，损害他人合法权益的民事法律行为无效。"所以，黄先生与妻子的离婚协议中关于财产分割的条款应属无效，属于黄先生的财产份额应当用于偿还这笔个人债务。

四、律师建议

对赌协议无疑是创业者头上的"紧箍咒"。关于股东/公司与投资人签订对赌协议这一问题，笔者有以下建议。

1. 合理设定对赌指标

在与投资人签订对赌协议时，应合理设定各项对赌指标，审慎确定对赌估值，业绩目标要设定在相对可控的范围之内。否则，极有可能出现因对赌失败，多年经营成果一朝失去的情形。

2. 股东作为保证人需明确约定保证责任

类似本案中黄先生的这种情况，若股东作为对赌协议中公司回购责任的保证人，那么建议股东在签订保证合同时，要明确保证责任的范围、保证期间、保证方式等。这样明确细化后的保证责任，一定程度上可以减轻保证人的负担。

3. 诚信履行协议，不要恶意避债

对于债务人恶意避债的行为，除了可以认定相关合同、协议无效，法律还规定了债权人撤销权、对失信被执行人限制高消费的惩戒措施等方式来保障债权人的权利。因此，建议创业者遇到经营困难时，尽量通过协商的方式来减轻债务负担，而不应以离婚、赠与、低价转让等手段恶意避债。

对赌是风投机构的保障条款，也是投资智慧的体现，创业者在签署对赌协议时，一定要好好考量：自己是否赌得起？

第四节 "私募大鳄"入狱后的离婚案启示：创富与守富同等重要

有些人相信"富贵险中求"，为了积累财富，他们不择手段，无视规则。由于一时得逞，他们便将此当作发家致富的经验。不过，在规则边缘试探，迟早是要付出代价的。

据媒体公开报道，徐某，1978年出生，曾任上海某投资管理有限公司法定代表人、总经理，被捕前是中国最受关注、也最为神秘的私募明星。徐某15岁就进入股市，在股市短线操作颇有天赋，参与过重庆啤酒、双汇发展和酒鬼酒的逆市抄底，深度参与恒星科技、康得新等定向增发并声名鹊起。2009年，他转型做私募基金，并创建了自己的品牌，他募集的多个产品连续高居收益排名前列，所以投资人对他趋之若鹜，他也因此积累了200多亿元的账面财富。

2015年6月，中国股市经历剧烈波动。上海市公安局经侦总队受命对背后"推手"进行侦查，发现近百只股票波动具有相同的规律——这些股票的背后，均有同一家公司的操作痕迹。而这家公司的背后，正是以"业绩凶悍、难以超越"著称的私募明星徐某。2015年11月，徐某因涉嫌违法犯罪被羁押归案。2017年1月，青岛市中级人民法院对被告人徐某等人操纵证券市场一案进行一审判决。徐某因犯操纵证券市场罪被判处有期徒刑5年6个月，并处罚金。

徐某在面临刑事审判时，他及其家族成员大概有250多亿元的资产，其中既有徐某和妻子应某的夫妻共同财产，也有徐某父母名下的财产，还有与徐某熟悉的客户委托他理财的资金。案发后，徐某相关账户全部遭到查封，作为涉案资产被冻结。

在等待刑期届满时，一件事情的发生使得徐某再次进入公众视野——徐某的妻子应某在2019年3月向上海市黄浦区人民法院提交起诉书，要求起诉离婚、争夺孩子抚养权和分割财产。

当时，这桩离婚案有两个特殊之处：一是被告在监狱服刑，二是要求分割的夫妻共同财产目前处在被查封的阶段。

对于第一个特殊之处，按照现行法律，对服刑人员提起的离婚诉讼，可以由原告住所地或经常居住地法院管辖，这也就是为什么应某向上海市黄浦区人民法院起诉，而非徐某服刑的青岛。对于第二个特殊之处，鉴于徐某很多财产处于司法冻结状态，法院还没有完成对徐某的个人财产与配偶、父母、其他人（如委托理财的朋友）的财产的甄别。

根据《中华人民共和国民事诉讼法》（以下简称《民事诉讼法》）第一百五十条第五项[①]的规定，本案必须以另一案的审理结果为依据，而另一案尚未审结的，中止诉讼。徐某刑事案件虽已宣判，但是对于个人财产的甄别和执行罚金程序还没有结束。所以，应某离婚诉讼中分割夫妻财产的诉求可能适用"先刑事，后民事"的审判原则，待甄别完毕徐某

[①] 2023年9月1日，第十四届全国人民代表大会常务委员会第五次会议通过了《关于修改〈中华人民共和国民事诉讼法〉的决定》，本次修改后的《民事诉讼法》于2024年1月1日起生效。此处第一百五十条规定已修改为第一百五十三条，但规定的具体内容不变。

与应某的个人财产，才能启动民事诉讼的实体审判。

那为什么应某在此时选择离婚，要求分割正在甄别的财产呢？应某起诉后主动联系媒体接受采访称，希望通过离婚促使青岛市中级人民法院完成对其家庭财产的甄别，"财产甄别已经进行两年多了，一直没有结果，我已经失去耐心了"。很多媒体认为，这次离婚属于"技术性"离婚，是为了最大限度地督促、推进法院对于冻结巨额财产的甄别进程，以剥离徐某其他家庭成员的合法财产，进行家族财产的保全。

这条路可能很漫长。

对于徐某作为资本市场风云人物的际遇，可能有各种解读，但是笔者认为——人在走捷径的同时，风险也在加速逼近，一触即发。近年来，笔者看到很多所谓的"捷径"纷纷成为财富陷阱。比如，有以下常见的风险。

1. 离婚过程中转移、隐藏夫妻共同财产引发的"惩罚性"后果

相爱时不分你我，不爱时拼命转移财产。很多人在面临离婚危机时，为了避免分割夫妻共同财产，开始不断有小动作，比如转移股权、隐匿收入、用亲属的名字购置资产，甚至虚构夫妻共同债务。

这样做的目的，就是希望通过减少夫妻共同财产或增加债务，来规避分割夫妻共同财产的义务。但是我国法律规定，一方在离婚诉讼期间或离婚诉讼前，隐藏、转移、变卖、毁损、挥霍夫妻共同财产，或者伪造夫妻共同债务企图侵占另一方财产的，在离婚分割夫妻共同财产时，依照《民法典》婚姻家庭编第一千零九十二条的规定，可以少分或不分财产。

所以，如果夫妻共同财产的事实已经构成，在离婚期间恶意转移财产，且对方有证据证明这种行为的，这些小动作不但实现不了规避分割夫妻共同财产的目的，还会面临少分或者不分财产的惩罚性法律后果。

另外，这种规避行为也可能引发其他风险。比如，女方提出男方转让股权无效诉讼并申请冻结标的股权，股权被冻结会导致股权受让方、公司的利益受到损害，甚至影响股权的价值。再比如，如果一方通过股权代持来规避分割夫妻共同财产的风险，若代持一方出现债务、死亡继承等问题，会引发代持本身的风险。

2. 利用所谓的境内外税收安排引发的"反避税"调整

2019 年，修正后的《中华人民共和国个人所得税法》（以下简称《个人所得税法》）开始施行。《个人所得税法》中最引人注目的一个变化就是"反避税"条款的规定。其实，反避税制度之前一直存在，用来应对现实中种种为避税而玩的"税务筹划"的花样，但之前的相关规定多以税务部门规章等形式颁布，这是第一次从法律层面来规定。参照《个人所得税法》第八条规定，若通过转移利润、海外避税区架构设计等不具有合理商业目的的安排，获取不当税收利益的，税务机关有权作出纳税调整，需要补征税款的，应当补征税款，并依法加收利息。

反避税条款的出台，意味着以往所谓聪明的"税务筹划"——虚签关联企业之间的服务、贸易合同，转移企业利润到税收洼地，利用海外架构规避境外分红的申报和纳税义务，以及利用个人独资企业核定征收优惠（如艺人工作室），等等，这些操作如果没有合理的交易目的或不分配利润的理由、实质的业务，未来也许会被反避税制度"检测"，引发反避税稽查。到时候，该缴纳的税一分钱也少不了，还要补缴罚息。

3. 转移、隐藏财产，逃避执行判决裁定的，也许会面临牢狱风险

由于经济活动中存在大量的失信债务人——所谓的"老赖"，近年来国家不断颁布措施对其进行惩戒，以促进诚信体系的健康发展，如限制"老赖"坐高铁、出境、购买高现金价值的保险产品等。但是，在巨额利益面前，有些人依旧对这些惩戒置之不理——不就是坐不了高铁、出不了国吗？没什么大不了。其实，债务违法行为，有可能会涉及刑事责任。

《中华人民共和国刑法》第三百一十三条规定，对人民法院的判决、裁定有能力执行而拒不执行，情节严重的，处三年以下有期徒刑、拘役或者罚金。有能力执行而拒不执行，包括被执行人隐藏、转移、故意毁损财产或者无偿转让财产、以明显不合理的低价转让财产，致使判决、裁定无法执行。

现实中，有的当事人被判决承担偿债义务后，不是积极履行，而是拼命卖房子、卖车，隐匿收入，无偿赠与亲友财产，这些行为实际构成了拒不执行判决、裁定，如果造成实质影响，是要承担刑事责任的。在目前法院公布的判决中，这样的案例越来越多。国家正在启动公共权力帮助债权人追债，维护诚信体系，而对于某些无知无畏的债务人，他们的代价则是失去人身自由。

无论是离婚、缴税，还是规避债务、投资，很多人挖空心思钻法律空子，以获得不当利益。但是，这些通过试探规则底线得来的财富，未来极有可能被溯及、归零，甚至变成负资产。对于企业家来说，冒险是天性，但也要懂得敬畏，法律规则既是红线，也是生命线。

第五节　一场稳准狠的创富之战：某咖啡连锁品牌上市与家族信托

发现规律后，一切就能洞若观火、尽在掌握。

对于创造财富的规律，有些人已经摸到了门道。比如，某咖啡连锁品牌前任董事长陆某某和他的弟子们。

陆某某是某租车品牌的创始人，其名下还有多家公司。2007年该租车品牌创立，现发展为中国规模最大、最具影响力的全国性大型连锁汽车租赁企业，于2014年9月19日在香港上市。2015年1月28日，"某某专车"在全国60个城市同步上线，利用移动互联网及大数据技术为客户提供随时随地，专人专车的全新专车体验。2016年7月22日，某某专车的运营主体公司"某某优车"正式挂牌新三板，成为全球专车第一股。

陆某某之前虽然也有过不少创业经历，但是他真正成功是从"某某租车"开始的。从"某某系"在香港上市、新三板挂牌到之后的定增，陆某某对于资本市场的玩法越来越得心应手，逐渐发展出自己创造财富的"陆式法门"，那就是"看准风口、巨额融资、烧钱扩张，迅速谋求

IPO[①]"。如何寻找下一个风口，就看其团队的智慧与运气了。

钱某某，号称陆某某的大弟子。她从2004年起就跟随陆某某创业，一路从陆某某的助理做到"某某租车"的COO（首席运营官）。2017年前后，新零售成为一个新投资领域，也成为诸多资本瞄准的"风口"，她成功说服陆某某投资咖啡快消产业。于是，一个负责战略把控，一个负责整体运营的师徒组合诞生，钱某某离开"某某租车"，创办了某咖啡连锁品牌。

据媒体报道，钱某某选择咖啡行业作为自己的创业领域，有其精准的市场判断。她通过调查发现，西方国家咖啡消费水平为平均每人每年300多杯，同为亚洲国家的日韩两国为平均每人每年180杯，而我国内地每年人均咖啡饮用量仅为4杯。所以，她把风口的切入点选在咖啡上。陆某某对于该咖啡连锁品牌的创办给予了各方面的支持：要钱给钱——自己成为大股东，还拉来了其他投资人；要人给人——该品牌的创业团队中竟有4名"某某租车"核心人员。

资本、商业模式、团队，各种资源均已到位，一切章法都已了然于胸，一场资本阻击战就要打响……

2018年1月，该品牌开始试运营，之后在全国各地疯狂开店。2018年第四季度一口气开了884家门店。每个季度末，其门店总数量几乎翻一番。到2019年3月31日，该品牌已在全国开设2370家直营门店，其中91.3%为快取店。

从2017年10月31日成立，到2019年5月17日在美国纳斯达克交易所正式上市，该品牌仅用了18个月。这18个月，该品牌获得了巨额

---

① 首次公开募股（Initial Public Offerings，简称IPO），是指企业透过证券交易所首次公开向投资者增发股票，以期募集用于企业发展的资金的过程。

融资，进行疯狂扩张，明星代言、花式营销、大量补贴，使得该品牌迅速进入大众视野。它用更快的速度复制了"某某租车"的上市模式。这不仅刷新了全球最快 IPO 纪录，而且正式成为登陆国际资本市场的中国新零售咖啡第一股。

该品牌本来想在香港上市，但因为设立不到 3 年，不符合在香港上市的要求，转而赴美国上市——为了速度也是拼了。IPO 首日，该品牌的股票一度大涨 50%，不过随后涨幅回落，收盘报 20.38 美元，较发行价 17 美元，上涨 19.88%，市值为 47.4 亿美元（约 328 亿元人民币）。虽然该品牌初期一直亏损，但是钱某某已真金白银坐拥数十亿元身家，成为叱咤资本市场的"咖啡女王"。

该品牌的创业团队在 18 个月内打了一场稳准狠的财富之战。他们快速集结各种资源，找准目标，迅速上市，再变现股票，将一个 IPO "剧本"转化为真实的财富，可谓炮火充足、一气呵成、酣畅淋漓。

这样的运作，一定有战略顾问在幕后指挥，也许是陆某某团队，也许是"外援"——国际资本玩家，比如该品牌的首席财务官和首席战略官就是原香港渣打银行执行董事。所以，从股东财富筹划的角度来看，该品牌的股权设计颇值得玩味。

该品牌在招股说明书中披露信息称，陆氏家族实益持有 969703 股普通股，持股比例为 30.53%；公司创始人及 CEO 钱某某实益持有 625000 股普通股，持股比例为 19.68%。其中，无论是第一大股东陆某某，还是第二大股东钱某某，都通过设立家族信托实现对该品牌股份的安排。

1. 陆氏信托

根据该品牌招股说明书，陆氏家族实益最终由陆氏家族信托公司控制。该信托是根据开曼群岛法律设立的，由开曼（TMF）有限公司作为受托人，陆某某的配偶郭某某是信托的委托人，郭某某及其家人是信的受益人。

2. 钱氏信托

根据该品牌招股说明书，第二大股东 Summer Fame Limited 是英属维尔京群岛的一家公司，最终由钱氏信托控制。钱氏信托是根据开曼群岛法律设立的，由开曼（TMF）有限公司作为受托人。钱某某是信托的委托人，她及其家人是信托的受益人。

这说明，该品牌第一、第二大股东不约而同地选择了家族信托作为持有上市公司股份的载体——家族的股份不再归属于个人，而是通过设立家族信托，使自己对股份的所有权成为信托财产。信托财产及收益则按照信托合同约定的条件、顺序和比例分配给受益人。

如陆氏信托的受益人是陆某某的配偶及其家人，钱氏信托的受益人是钱某某本人和她的家人。股权所有权由委托人个人变为信托持有，意味着实控人即使离婚、去世、负债、有人身风险，其合法有效设立的信托也会因为信托财产的独立性，免除股份被分割、继承、偿债、追缴的风险。

目前，随着家族信托理念的深入人心以及海外股权信托的相对完善，很多中国企业的创始股东上市前会做上市公司顶层的信托安排。上市项目不再只是一个简单的资本市场融资项目，而是一个完整的个人及家庭税务规划、财富风险隔离与传承规划方案的集合。

以中国香港地区为例，目前内地的家族企业到香港上市的，至少有 30% 的企业是通过家族信托实现控股的。这些企业通常采用"离岸公司＋信托"的基本结构，由企业创始人成立家族信托，通过家族信托→离岸公司→境外上市公司→境内经营实体持股安排，实现对家族企业股权的控制（简图如下）。

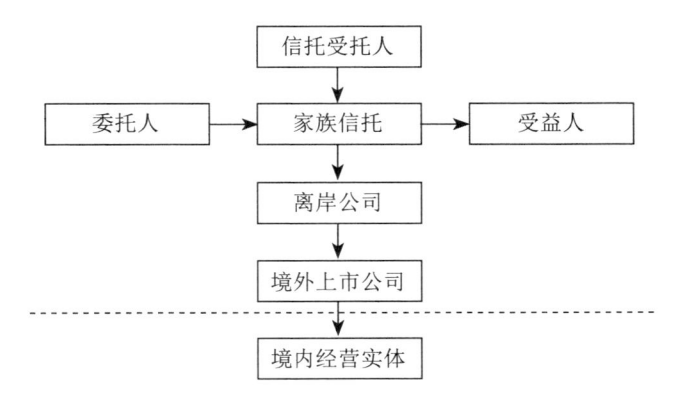

```
                    ┌──────────┐
                    │ 信托受托人 │
                    └────┬─────┘
                         ↓
┌────────┐          ┌──────────┐          ┌────────┐
│ 委托人  │ ───────→ │ 家族信托  │ ───────→ │ 受益人 │
└────────┘          └────┬─────┘          └────────┘
                         ↓
                    ┌──────────┐
                    │ 离岸公司  │
                    └────┬─────┘
                         ↓
                    ┌──────────┐
                    │境外上市公司│
                    └────┬─────┘
- - - - - - - - - - - - -│- - - - - - - - - - - - - - -
                         ↓
                    ┌──────────┐
                    │境内经营实体│
                    └──────────┘
```

家族信托结构简单示意图

以上只是简单的示意图，真正的上市架构，无论是境外上市公司与境内经营实体之间，还是境外上市公司与顶层信托之间，往往都会设计较多层数，以实现税务筹划、股东信息隐藏、某一层级的交易并购等。

通过信托安排家族股权，在发达国家已经是家族财富稳定、长远筹划的常用模式，而在中国内地，这种模式才刚刚起步。一个制度之所以数百年不衰，一定有极强的功能性。如今，越来越多的企业家接受了用信托来安排财富的理念。在国内资金信托如火如荼开展时，很多有见识、有魄力的企业家在赴海外上市的时候，一并进行了股权信托安排。

信托是欧美法律智慧的结晶，现在已经越来越多地被运用到中国家族企业的财富安排中。对于中国富裕阶层而言，信托是一个全新的、有巨大发展空间的财产管理制度，相信未来会有更多中国企业家选择信托的顶层架构安排。笔者的团队已经为诸多企业家提供了股权信托方案设计与落地执行服务，包括境内与境外信托架构设计。笔者认为，中国富裕阶层中勇于"吃螃蟹"的第一批信托达人，也必将是未来财富传承统筹安排最大的受益者。

财富可以快快挣，却要慢慢守，二者各有各的规律与模式。看来，该咖啡连锁品牌创始人对二者都学到了。

第二章
财富传承

第一节　隔代传承的法律要点有哪些

笔者曾遇到过这样一位客户。

客户孙先生，70多岁，是一位企业家，有一个女儿现已成家。孙先生遇到了一件让他比较焦虑的事情——他年事已高，开始考虑自己身后财产传承的问题，但是他的女儿和女婿的感情不好，二人已经分居一年多，女婿一直拖着不肯离婚。

于是，孙先生担心若自己不提前安排好财产传承，将来财产全部由女儿继承了，女婿再趁机提出离婚，会造成整个家族财富的流失。况且，孙先生的女儿从小娇生惯养，结婚后又一直做全职太太，没有什么工作能力，他无法将企业放心地交给女儿。好在孙先生的外孙现在已经大学毕业，进入他的企业。他想把外孙培养成企业真正的接班人，干脆就跨过女儿，把将企业发展壮大的担子交给外孙，也希望能把大多数家产直接传给外孙。女儿对此也没有意见，但孙先生不知道应该怎么做。

其实，孙先生的这种想法，笔者的很多客户也有。尤其是一些上了年纪的高净值人士，他们期望自己的传承是隔代传承，能将财产直接传给孙辈。

那么，隔代传承究竟能不能实现呢？要想回答这个问题，我们先来看看这种隔代传承面临的法律问题。

一、孙子女、外孙子女在法律上没有继承权

我国《民法典》继承编规定，无论是孙子女，还是外孙子女，对于祖父母、外祖父母的财产是没有继承权的。他们只能通过第二代继承第一代、第三代继承第二代这种方式来间接获得祖父母、外祖父母的财产。按照法定继承来说，对于（外）祖父母的财富，（外）孙子女是没有继承人资格的。

二、老人留给孙辈的财产属于遗赠

有人会问：老人可以通过立遗嘱的方式把财产传给孙辈吗？

这在法律上是没有问题的，但是在遗嘱里把财产留给孙辈不是继承关系，而是遗赠关系。根据《民法典》继承编的规定，本案中外孙作为接受遗赠的人，必须从知道受遗赠之日起 60 日内明确表示到底是接受还是放弃遗赠；如果 60 日内没有明确表态的话，视为放弃接受遗赠。也就是说，即便孙先生在遗嘱中做了明确的遗赠安排，如果外孙不了解法律规定，没有及时表态，仍有可能与财产传承失之交臂，无法实现孙先生想要将家业传承给外孙的愿望。

针对孙先生这种隔代传承的需求，应当如何设计传承方案，如何运

用法律手段或者信托这种创新型的金融工具呢？笔者认为，可以从以下三个方面考虑。

1. 生前传承

孙先生可以在他在世的时候就分期、分批地把家族企业的股权、房产和存款都过户到外孙名下。这样做的好处是，生前过户的法律效力确定，身后不会产生争议，传承效果明确。

但是，生前赠与有一个风险点，那就是如果外孙已经结婚了，建议在赠与外孙财产时，签署一份赠与协议，并在这份赠与协议里说明这些财产是赠与外孙个人的，与其配偶无关。否则，如果外孙是在婚内接受财产赠与的，那么这份财产就会被认定为夫妻共同财产。万一将来夫妻感情破裂，这份受赠的财产恐怕就要被外孙媳妇分走一半。

2. 通过遗嘱来做遗赠安排

孙先生可以在遗嘱中明确指出，将来自己的哪些财产是不给女儿、女婿，只给外孙的。这样孙先生百年之后，按照遗嘱，外孙可以通过接受遗赠，拿到孙先生给他留下的这份家业。需要注意的是，一定要在遗嘱中给外孙留下提示，告诉他必须在 60 日内作出明确的表态，否则很可能被视为放弃接受遗赠。另外，遗嘱中关于遗赠的内容，笔者也建议孙先生明确写明是赠与外孙个人的，与其配偶无关，避免这些财产成为外孙和外孙媳妇的夫妻共同财产。

3. 利用金融工具

孙先生可以用家族的资产，如一部分现金，设立一个家族信托，由他来做委托人，由一家信托公司作为受托人，受益人可以写自己的女儿或者外孙，不写女婿。如果女儿面临婚变，女儿可以根据信托合同约定向受托人（信托公司）发通知，要求暂停发放信托收益，因为再发放有可能会变成婚内的收入。那什么时候继续发放信托收益呢？要等到女儿离婚之后。

这样做的好处有两个：一是可以防止第二代或者第三代的婚变风险；二是无论受益人是女儿还是外孙，当他们有债务风险的时候，都可以向信托公司发通知，要求暂停发放信托收益，等到没有债务风险后，再继续发放，真正起到隔离受益人的债务风险的作用。

但家族信托的起步门槛比较高，目前大概是1000万元，并且对委托人的资金来源有一定的要求。

如果没有这么大规模的资金，还可以考虑投保人寿保险。比如投保终身寿险，孙先生做投保人，被保险人是女儿，女儿的身故受益人是外孙。这张保单的好处是，即使女儿面临婚变的风险，保单的现金价值也不会被分割。当作为被保险人的女儿去世后，外孙可以领取身故保险金。这笔保险金就能够定向给到外孙，成为他的个人财产，孙先生的女婿无权要求分割；同时，外孙作为一个成年人，他所领取的身故保险金，按照《最高人民法院第八次全国法院民事商事审判工作会议（民事部分）纪要》[1]的精神，属于婚后个人财产，离婚时可以不被分割。这样就用一张保单，实现了预防第二代、第三代的婚变风险的功能。

大家可能会提出异议，孙先生已经70多岁了，他怎么能够作为投保人呢？其实，有些保险公司对于投保人的年龄是可以做变通的。如果行不通，这张保单应该如何设计呢？孙先生可以将保费赠与女儿，同时签署一份赠与协议，约定这笔钱是赠与女儿个人的，与女婿无关，而且这笔钱是专门用于投保某终身寿险的。那么，这个赠与资金就会变成终身

---

[1] 《最高人民法院第八次全国法院民事商事审判工作会议（民事部分）纪要》第五条："婚姻关系存续期间，夫妻一方作为被保险人依据意外伤害保险合同、健康保险合同获得的具有人身性质的保险金，或者夫妻一方作为受益人依据以死亡为给付条件的人寿保险合同获得的保险金，宜认定为个人财产，但双方另有约定的除外。婚姻关系存续期间，夫妻一方依据以生存到一定年龄为给付条件的具有现金价值的保险合同获得的保险金，宜认定为夫妻共同财产，但双方另有约定的除外。"

寿险的保费来源，投保人是女儿，被保险人也是女儿，身故受益人是外孙。即便女儿面临婚变，离婚时这张保单的现金价值也不会被分割。因为保费来源于女儿婚后的个人财产，在审判实践中，这张保单的现金价值也应当属于女儿的婚后个人财产。女儿去世后，身故保险金也属于外孙的个人财产，女婿没有份儿。当外孙面临婚变时，外孙的配偶也不能主张分割这笔保险金。所以这张保单同样具备了防范第二代、第三代婚变，安全传承财富的功能。

还有人可能会问，如果这张保单的交费方式是期交，在此期间投保人不幸去世了，怎样保证后续保费的来源呢？针对这种情况，有两种解决方案：第一种，投保人可以在遗嘱中约定，自己去世后，剩余年限的保费将在遗产中进行预留；第二种，投保人可以先拿出一笔钱委托给其他人，两人签署一份委托协议，约定这是一个不可撤销的委托，将来投保人去世，委托的这部分财产专属于新的投保人应交的保费，这样也是可以的。

总之，在财富传承中，人们的需求是复杂多样的，像孙先生这种想要将财产隔代传承的，就需要在生前利用各种传承工具主动安排，尽早设计体现家族意愿的传承方案。

第二节 继子刘星能继承夏东海的遗产吗？法院的判决让人惊讶

相信有不少读者看过《家有儿女》这部情景喜剧吧。剧中夏东海与刘梅是再婚夫妻，他们分别带着各自的子女小雪、小雨和刘星组成了新的家庭，一家人亲密无间，其乐融融。

不过，电视剧毕竟是电视剧，现实生活中的重组家庭往往有着复杂的家庭关系。其中，有一个法律问题恐怕很多人不了解——继子女对继父母有没有继承权？大多数人下意识的回答是：肯定不该有，人家自己的财产还要留给亲生的孩子呢！那么，我国法律是不是这样规定的呢？

一、刘星是不是夏东海的法定继承人

我国《民法典》继承编规定，法定继承第一顺序继承人为：配偶、子女、父母。这里的子女，包括与继父母有扶养关系的继子女。这个规定打破了普通人的认知盲区——只要形成抚养教育关系，没有血缘的继子女也有继承权！

那么，如何认定继父母与继子女之间是否形成抚养教育关系呢？

1. 抚养教育关系形成的前提是继子女未成年

我国《民法典》婚姻家庭编第一千零七十二条第二款规定："继父或者继母和受其抚养教育的继子女间的权利义务关系，适用本法关于父母子女关系的规定。"根据这条法律的应有之意，需要抚养教育的继子女应当是未成年人。

2. 一般需要证明有共同生活的事实

"抚养教育"强调继父母对继子女的抚育和保护，所以抚养教育关系一般在共同生活中形成，继父母对继子女的生活、学习等各方面需要有一定的照料。共同生活是抚育和保护最直接的外部特征。有一些再婚的朋友说，那我安排继子女上寄宿学校或者让孩子的爷爷奶奶照顾，是不是不算共同生活？笔者认为，这要根据哪一方亲生父母有孩子的抚养权，哪一方家庭是孩子的生活中心，以及对孩子日常的照顾这些条件综合考虑，而不是说孩子住校或者由祖父母日常照顾就不算共同生活。

3. 抚养教育事实要持续足够长的时间

不过，对于抚养教育事实究竟要维持多长时间，法律没有统一规定，主要根据具体案情由法官自由裁量。所以，夏东海和刘梅已经与各自的继子女形成了抚养教育关系，那么这对再婚夫妻的遗产，他们的继子女和亲生子女自然都有权继承，而且是均分——我国法律没有区分亲生子女与继子女继承份额的规定。

二、夏东海能不能立遗嘱排除刘星的继承权

我们都知道，遗嘱是处分个人身后财产的意思表示，可以合法地排除法定继承人的继承权，包括形成扶养关系的继子女的权利。但是，我

国《民法典》继承编第一千一百四十一条规定："遗嘱应当为缺乏劳动能力又没有生活来源的继承人保留必要的遗产份额。"这里的继承人并没有区分远近亲疏——只要是继承人，且缺乏劳动能力、没有生活来源，就要保留必要份额，哪怕不是亲生的。也就是说，如果夏东海做不到把刘星视如己出，暗戳戳地立遗嘱把财产留给了小雪和小雨，也应该考虑刘星在未成年前的份额——除非确定刘星的生活来源没问题。

看到这里，读者可能会质疑——现实中会是这样的吗？我们来看一个真实的案例。

> 范先生根据父母的遗嘱及房屋拆迁货币补偿协议，领取了拆迁补偿款75.2万元。2010年，范先生与彭女士登记结婚，婚后无子女。小潘是彭女士与前夫所生的孩子，离婚后由彭女士抚养。2012年3月，范先生立下遗嘱，主要内容为：我现居住的房屋是用父母给我的拆迁款买下的拆迁房，拆迁之事有拆迁协议为证。我死后，房屋要留给我的儿子小范。这是我父母的嘱咐，也是我的遗愿。我百年之后，小范享有房屋处分权，其他人无权居住此房。
>
> 2014年，范先生去世。彭女士与小潘起诉小范，要求认定遗嘱无效。一审法院判决涉案房屋归小范继承，小范于判决生效后十日内给付小潘30万元。判决作出之后，彭女士与小潘提出上诉，认为给付的金额太少。本案历经一审、二审、再审，最终维持了原判。

以上案例中，法院之所以判定范先生遗嘱有效，同时，还判决小范给付小潘30万元，主要事实与理由是范先生立遗嘱时没有为不满18周岁、与其形成扶养关系的小潘留出遗产份额。小潘与范先生形成扶养关系的时间不足三年半。范先生死亡时，小潘还有一年多即满18周岁，并且彭女士作为小潘的亲生母亲,也是小潘的抚养人。参考上述实际情况,法院判令小范根据遗嘱继承房屋,但要给付小潘 30 万元。

小范能够继承房屋,得益于父亲早立遗嘱,否则按照法定继承,彭女士和小潘可以继承三分之二的份额,而小范只能继承三分之一。但是,即便范先生立下了遗嘱,也因为小潘尚未成年,且与范先生形成了事实扶养关系,所以需要为其留下必要的份额,即给付小潘 30 万元。

那么尴尬的问题就来了,这也是大众的法律盲区——如果再婚配偶有未成年子女,那就意味着财产面临被对方子女继承的风险,写遗嘱也可能不管用。若对方家境一般,是难以排除未成年继子女的继承权的。

三、如何系统规划,避免财产不能按心愿传承

遗嘱制度并没有给被继承人完全的意思自治的权利。遗嘱的形式和内容都要符合法律强制性规定,比如遗嘱不能违反公序良俗,应给需要照顾的家庭成员保留份额,等等。所以,单靠遗嘱,想要实现个性化、符合个人心愿的传承,稍显单薄,且容易发生争议。对于再婚家庭,笔者建议采取以下方式综合规划身后财产分配的问题。

1. 仍然要写遗嘱

如果没有遗嘱,那么形成抚养教育关系的继子女,其继承的份额与亲生子女一样多,同时也无法排除再婚配偶的继承权。

2. 再婚时要考虑共同生活的风险

与再婚配偶的未成年子女共同生活,其实就构成了抚养教育的连接点,发生继承纠纷时可能会被认定为有抚养教育关系。所以,再婚人士要明白,婚后规划既是生活,也是法律的重大安排。

3. 有些财产可以生前赠与亲生子女

再婚时，双方一般都有婚前财产，这属于个人财产。对于心有顾虑的再婚人士，可以在时机成熟的时候，逐渐把自己的个人财产，包括房产、股权、金融资产等，逐渐赠与、过户到亲生子女名下，尽可能地避免未来亲生子女与继子女争夺家产。

4. 设立家族信托，进行整体规划

相比普通家庭，再婚家庭的婚姻与继承关系更为复杂，而财富安全最大的风险就是人的因素。中产阶级以上的家庭可以通过设立家族信托，实现财产的个性化传承。如果范先生在生前设立了信托，受益人只写小范，只要这个信托是合法设立的，那么范先生身故后，信托财产只会按照信托合同向受益人分配，其他法定继承人是无权要求分割的。当然，目前用房产、股权等财产设立信托，成本过高，整个社会还处在观望阶段，但是用金融资产，包括现金、保单、理财产品等设立信托，进行定制化传承，已经非常成熟了。

以上规划方案，比起单纯依靠遗嘱传承，效果更好。现代社会，再婚越来越普遍，越是没有利益纠葛的结合，感情纯度反而越高。保护好自己，也是对家人负责。

第三节　国人继承成本认知盲区：被忽视的继承权公证费

笔者曾接待过一位咨询国内继承流程的客户李女士。她问我："国内不是不征收遗产税吗？为什么我继承我丈夫的遗产，要交几十万元的费用？"笔者在第一章第一节中，简单地提到过继承权公证。本节，笔者就以李女士的案件为例，为大家详细地讲讲有关继承权公证的知识。

李女士和丈夫孙先生是大学同学，两人毕业后共同创业。早年丈夫为了开拓业务奔波劳碌，好不容易把公司做成了行业领头羊，却在2020年体检时查出肝癌。孙先生在治疗期间，在朋友的建议下立了一份遗嘱，把房产、股权和大部分存款留给了李女士和两个子女。2020年年底，孙先生因医治无效病故。李女士非常悲伤，直到2021年2月底才强打起精神，准备把房产、股权和银行存款按照先生的遗嘱变更到自己和孩子的名下。没想到，她接连遇到了"拦路虎"——住建委、市场监督管理局、银行都要求她提供关于先生遗产继承权的"继承权公证书"，否则无法办理遗产变更登记；而她去公证处办理这份公证书时，却发现要提交大量法律文件，并且公证费用不菲，预估要几十万元！

　　李女士非常不解，反复问我："这份遗嘱不是做过公证了吗，为什么还要再做公证？没有这份'继承权公证书'就无法过户吗？一份遗嘱公证只要几百元，为什么到了继承权公证环节收费就这么高呢？"

　　李女士的问题其实很典型。实际上，家庭成员过世后，其遗产（房产、股权、银行存款等）继承过户是需要完成必备手续，支付一定的继承成本的。几乎所有的富裕家庭都会面临这种继承成本，笔者在此为大家做个总结。

一、遗嘱公证与继承权公证不同，继承权公证与遗嘱无关

　　很多人容易将"遗嘱公证"与"继承权公证"混为一谈。实际上，它们是两个完全不同的概念。

　　被继承人立遗嘱，仅表明其生前对自己去世后财产该如何分配进行安排，是本人生前处分其遗产的书面证据。遗嘱人去世后，继承人要想获得遗产所有权，并不只是有遗嘱就行，这里面还涉及财产的分配与过户。而遗产过户，包括股权、房产和银行账户所有权的变更，都涉及遗嘱效力的实质审查。对于银行、市场监督管理局等机构来说，它们既没有专业能力也没有精力进行实质审查。因此，需要专业、权威、中立的机构来做这件事——无论是否有遗嘱，只要涉及遗产过户，都要有一个继承权实质审查的"前置环节"。而这个继承权实质审查，要么经过人民法院审理判决认定，要么由公证处对继承人的继承权进行证明，即继承权公证。也就是说，自然人死亡，继承人要想完成遗产的过户登记，需

要给登记机构提交一份自己有继承权的证明文件。这个证明文件，要么是法院的判决书，要么是继承权公证书。

这就是李女士不能仅凭公证遗嘱办理遗产过户的原因——缺乏确权的证明文件。需要再次强调的是，不管被继承人生前是否有遗嘱，只要自然人死亡，且有登记类的财产，继承人都绕不过"继承权公证"这个环节。

二、继承权公证的费用远远高于遗嘱公证

遗嘱公证按件收费，费用一般是几百元。继承权公证的费用是根据遗产标的按规定的比例收费的。李女士需要交纳的继承权公证费之所以高达几十万元，是因为遗产价值比较高，收费自然就高。两者费用差别如此巨大，究其原因就在于办理遗嘱公证和办理继承权公证需要公证员做的工作不同，继承权公证的工作难度和风险更大。遗嘱公证主要是审查遗嘱人的身份及意思表示是否真实、有无受胁迫或者受欺骗等情况，并对当事人的身份、处分的财产是否是个人财产进行审查，只要确保这份遗嘱在当下是合法有效的即可。而继承权公证则需要公证员通过调查被继承人究竟有哪些法定继承人，这些继承人对遗嘱是否有异议，是否有其他遗嘱等情况，来确定这份遗嘱的确是最终有效的遗嘱。因此，继承权公证的工作难度和风险是大于遗嘱公证的。

还是以北京为例，前文中笔者已列出了北京市证明继承权的公证服务收费标准，这里不再赘述。

根据《北京市发展和改革委员会　北京市司法局关于调整本市部分公证服务收费有关事项的通知》（京发改〔2021〕1538号）的规定，单套居民房产办理继承权公证事项费用总额不得超过1万元。这就大大减轻了百姓进行房产类继承权公证的负担。不过，除房产以外的银行存款、股权等财产，仍需要按价值收取继承权公证费用。其中，存款的价值很明确，而股权的价值目前没有统一的认定标准。笔者咨询某公证处，得到的回复是，按照注册资本或持有份额来估算股权价值。说实话，这个标准也不是很客观，但是，如果要求继承人自己对继承的股权进行评估，无论是从成本上还是从可行性上来看，都有很大的问题。

三、继承人办理继承权公证的流程

在我国，继承有两种形式：法定继承和遗嘱继承。与此相对应，继承权公证也分为法定继承权公证与遗嘱继承权公证，这两类公证的办理流程大体相同。下图是以法定继承权公证为例进行的流程梳理。

需要注意的是，法定继承权公证与遗嘱继承权公证的办理流程有两个区别：

（1）材料不同。遗嘱继承人需要提供被继承人生前所立的有效遗嘱；有遗嘱执行人的，需要提供执行人的身份证及复印件。

（2）程序不同。公证处须核实其他继承人手中是否还有其他遗嘱，在确定遗嘱真实、有效后方可办理继承权公证。

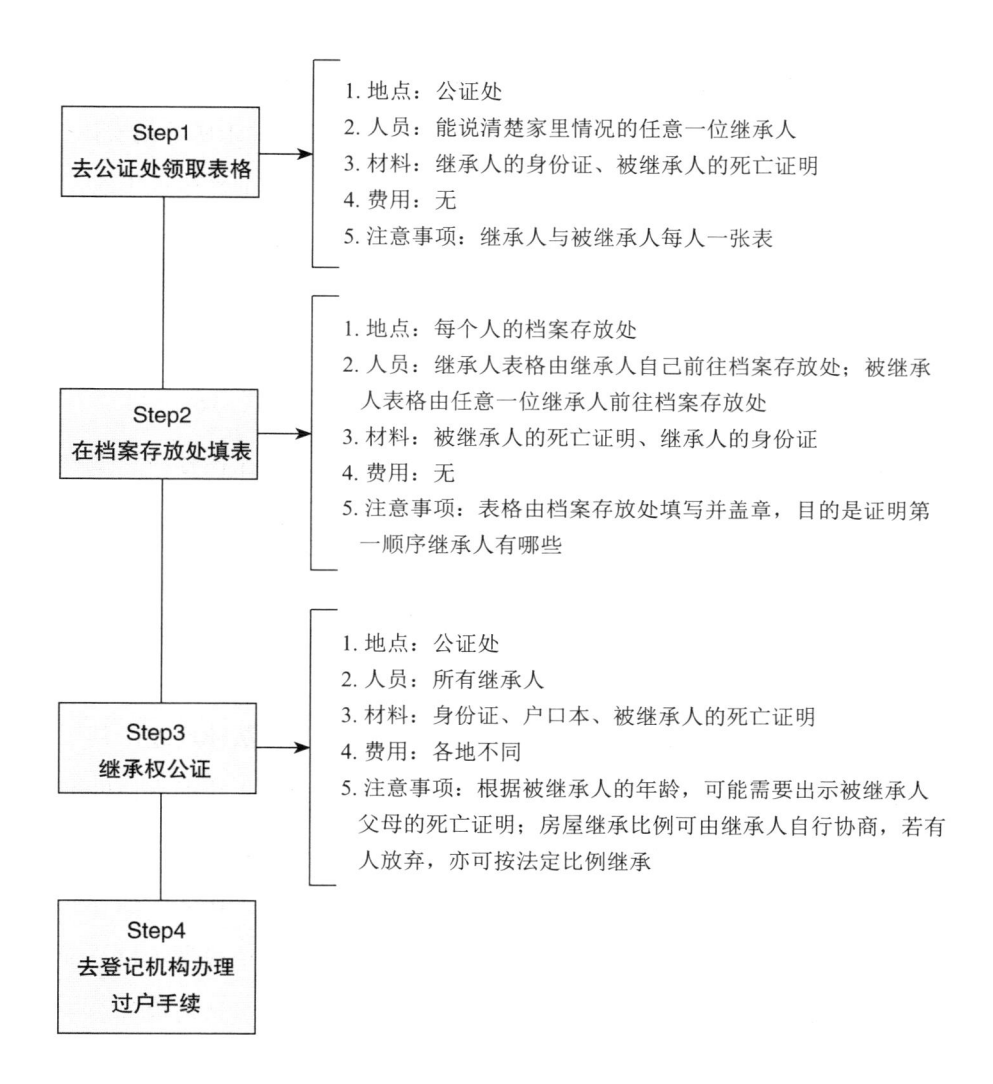

Step1 去公证处领取表格
1. 地点：公证处
2. 人员：能说清楚家里情况的任意一位继承人
3. 材料：继承人的身份证、被继承人的死亡证明
4. 费用：无
5. 注意事项：继承人与被继承人每人一张表

Step2 在档案存放处填表
1. 地点：每个人的档案存放处
2. 人员：继承人表格由继承人自己前往档案存放处；被继承人表格由任意一位继承人前往档案存放处
3. 材料：被继承人的死亡证明、继承人的身份证
4. 费用：无
5. 注意事项：表格由档案存放处填写并盖章，目的是证明第一顺序继承人有哪些

Step3 继承权公证
1. 地点：公证处
2. 人员：所有继承人
3. 材料：身份证、户口本、被继承人的死亡证明
4. 费用：各地不同
5. 注意事项：根据被继承人的年龄，可能需要出示被继承人父母的死亡证明；房屋继承比例可由继承人自行协商，若有人放弃，亦可按法定比例继承

Step4 去登记机构办理过户手续

四、律师建议

继承权公证烦琐的程序与相对高昂的费用，往往使继承人在遭受亲人过世打击下，还要面临难以理解且又专业复杂的事务以及高昂的费用。对此，笔者给出如下建议。

1. 有些事要提前知道与做到，可以大大降低传承成本

以本案为例，孙先生只在朋友的提醒下立了遗嘱，并未做其他安排。由于夫妻二人都对传承的各个环节一无所知，导致李女士需要承担高昂的传承成本——继承权公证费用。这其实都是可以避免的，只需要提前咨询专业人士，通过生前变更股权、房产、银行存款所有权，或者设立家族信托等方式，就能够保证既没有个人所得税成本（夫妻过户不征税），也没有高昂的继承权公证费用。

很多高净值人士在自己的专业领域里挥斥方遒，却往往容易忽视财富传承规划的重要性。实际上，提前规划传承方案，保证财富安全传承，是高净值人士的刚需。它既能有效地避免继承纠纷，也能未雨绸缪，进行税务筹划，还能最大限度地减少财富损失，降低传承成本。

2. 委托律师协助办理继承权公证等继承事务

财富传承的方案有很多，有时还会夹杂较多复杂的法律问题，甚至面临像继承权公证这样烦琐的程序。因此，聘请专业私人律师来协助继承人顺利地走完继承权公证、遗产过户等法律程序，能够很大程度上减轻继承人的压力。甚至，律师还能起到简化程序的作用。比如，当存在多位法定继承人，且都对遗产继承方案无法达成合意，造成继承权公证无法完成时，律师可以作为中立第三人，起到调解各方以达成内部关于继承份额的共识的作用，从而推进继承权公证书的顺利出具。

其实，李女士不一定非要进行继承权公证。本案如果通过诉讼，拿到关于遗嘱效力和继承权的判决，李女士和其他继承人就可以凭判决书办理过户手续，无须经过公证即可办理遗产过户，公证费自然也就不需要交了。但是，诉讼本身有诉讼与代理费用，且诉讼时间较长，需要权衡考虑。

3. 财富传承需要整体规划思维与传承智慧

很多时候，我们认为只要拿到遗嘱就万事大吉了，事实上并非如此。遗嘱生效后，我们可能还要经过遗嘱效力纠纷、继承权确认、办理遗产过户等程序。因此，聘请专业的财富管理律师非常重要。孔子曰："闻道有先后，术业有专攻。"专业的财富管理律师具备整体规划思维，对传承中的痛点、难点一清二楚。为了更平稳、高效、安全、合理地传承财富，高净值人士最好在财富管理律师的协助下，根据自身的资产现状、传承意愿及家族继承人的情况，选择最合适的传承工具，来制定财富传承总体规划。可以说，一份成功的财富传承规划方案，离不开经验丰富且值得信赖的专业律师。

本案中的孙先生仅用遗嘱来安排这么大盘子的传承，在笔者看来，是单薄的，是一刀切的。毕竟很多个性化的传承需求，是无法在单一的工具下完成系统安排的。这份遗嘱其实缺少了两个部分：一个是附件，即遗嘱人所有资产的线索清单（便于遗嘱生效后清理、不遗漏遗产）；另一个是关键的角色——遗嘱执行人/遗产管理人。孙先生过世后，李女士对于庞大复杂的遗产继承毫无头绪，心力交瘁。其实，孙先生完全可以在遗嘱中预先指定信任的人担任遗产管理人，协助遗嘱继承人处理其遗产。这个角色在有多位法定继承人且利益并不完全一致的家庭里，能够发挥极大的作用，大大降低未来传承的情感、利益阻力，也是家族财富创造者面对未来的智慧体现。

第四节　父母过世，银行存款成谜，子女怎样查清隐秘的遗产

　　与其他国家相比，中国人比较喜欢储蓄。忧患意识让很多中国家庭习惯性地存款，尤其是出生在物质匮乏年代的中老年人。而中国家庭的父母又比较含蓄、内敛，很少有父母会有意识地整理银行存款的信息并告知子女。这就造成了一个隐患：儿女隐约知道父母有存款，但父母从未向儿女说过该笔存款具体的开户行及银行账户。最近，越来越多的客户向笔者咨询——父母去世，自己也不知道其在各家银行存款的具体信息，中国人民银行（以下简称央行）又不提供已故存款人存款统一查询服务，他们该如何去查询、找到这些隐秘的财产，避免造成财产流失呢？

　　笔者团队以北京市为例，通过电话、实地走访等方式，确认了如果父母去世时儿女不知道存款信息，应当如何发现、确认并顺利继承这笔存款，在此分享给本书读者。

一、原中国银行保险监督管理委员会、司法部联合发函简化查询程序

因为实践中存在大量继承人不知道已故存款人的开户行、银行账号的案例，为了顺利解决这类纠纷，2019年4月19日，原中国银行保险监督管理委员会、司法部便联合发布了《关于简化查询已故存款人存款相关事项的通知》（银保监办发〔2019〕107号）。该通知明确了各大银行应简化查询已故亲属存款相关事宜的程序。具体内容如下：

> 已故存款人的配偶、父母、子女凭已故存款人死亡证明、可表明亲属关系的文件（如居民户口簿、结婚证、出生证明等）以及本人有效身份证件，公证遗嘱指定的继承人或受遗赠人凭已故存款人死亡证明、公证遗嘱及本人有效身份证件，可单独或共同向存款所在银行业金融机构提交书面申请，办理存款查询业务。查询范围包括存款余额、银行业金融机构自身发行或管理的非存款类金融资产的余额。银行业金融机构经形式审查符合要求后，应书面告知申请人所查询余额。对代销且无法确定金额的第三方产品，银行业金融机构应告知申请人到相关机构查询。

根据上述通知，法定继承人可带着已故存款人的死亡证明、可表明亲属关系的文件（如居民户口簿、结婚证、出生证明等）以及本人有效身份证件；公证遗嘱指定的继承人或受遗赠人可带着已故存款人死亡证明、公证遗嘱及本人有效身份证件，根据推测去各个银行的支行进行查询。并且，查询人在获得银行存款的相关信息后，可根据银行账户的资金转出情况，去寻找其他账户线索。同时，注意不要注销已故存款人的

手机号，因为手机号与银行卡、微信、支付宝等账号绑定在一起，可根据已故存款人的手机存储的信息查询相关财产线索。

值得注意的是，因为央行不对自然人办理业务，所以自然人无法凭借上述证明文件去央行查询所有已故存款人的存款信息，目前只能去各家银行进行查询。

二、查询已故存款人账户的具体手续及程序

为了更加明确办理查询已故人存款的相关事项，笔者根据查询人、查询银行的不同，为各位读者梳理了查询存款具体的手续和流程。

（一）查询已故亲属银行存款及理财信息

1. 第一顺序法定继承人，按照如下内容准备材料

（1）死亡证明：如医疗机构出具的死亡证明、公安机关出具的死亡证明、注明了死亡日期的注销户口证明。

（2）亲属关系证明文件：如户口本、结婚证、出生证、公安机关出具的家庭成员关系证明、街道/乡镇或社区居委会/村委会出具的亲属关系证明。

（3）本人身份证件：持身份证原件及复印件。

2. 公证遗嘱指定的继承人或受遗赠人，按照如下内容准备材料

（1）死亡证明：如医疗机构出具的死亡证明、公安机关出具的死亡证明、注明了死亡日期的注销户口证明。

（2）公证遗嘱：持原件（注：去银行查询已故人存款信息，银行目前仅认可的遗嘱形式为公证遗嘱，凭自书遗嘱、录音、录像遗嘱等其他遗嘱暂不能办理相关业务）。

（3）本人身份证件：持身份证原件及复印件。

既不是第一顺序法定继承人，也不是公证遗嘱指定的继承人，但又有继承权的人该如何办理呢？这类继承人可以去办理继承权公证，通过公证机构查询被继承人银行存款信息，也可以委托律师发起财产继承纠纷诉讼，通过法院取证查询相关银行存款信息。

（二）受查询银行的具体要求

笔者团队通过电话询问、实地走访，了解了部分银行对已故存款人活期存款、定期存款、国债、基金等遗产的查询程序。调查结果显示，查询上述遗产必须携带的材料有：已故存款人死亡证明、表明直系亲属关系的证明文件（如户口本、结婚证、出生证明等）、办理人的身份证原件（注：不需要提供公证处出具的《存款查询函》）。不过，各个银行的要求不尽相同，因此建议读者在查询时，先针对性地询问银行需要准备哪些材料。

三、查询到的存款该如何继承或处分

如果对遗产继承无异议，继承人可以直接去公证机构办理继承权公证，再去银行办理存款过户手续；对遗产分割无法达成一致意见，在公证机构无法办理继承权公证书的，继承人可以去法院提起继承纠纷诉讼，然后依据法院的判决书或调解书去银行办理存款过户手续。

父母辛苦一生积攒的存款，若仅仅因为未及时告知儿女其存款的具体信息而造成不必要的损失，那对于继承人和被继承人来说都是一个不小的遗憾。因此，为了避免这样的遗憾出现，笔者建议被继承人对于财富传承要早做安排与规划，提前通过遗嘱等梳理出遗产的具体形式、信

息。如果被继承人实在无法提前订立遗嘱，那笔者建议被继承人至少要列一个财产清单，罗列出自己所有的财产信息，并把该财产清单交给自己信任的人保管，如私人律师、理财顾问、亲朋好友等。至少，这样不会让自己辛苦一生的积蓄沦为找寻不到的财产。

第五节　某集团公司5年痛失两代掌门人：必不可缺的传承预案

2020年6月1日，某大型家居公司（以下简称A公司）发布公告称，公司董事长陈某龙因突发疾病，医治无效，于2020年5月31日不幸逝世，年仅44岁。而据《华夏时报》记者从A公司证券事务部门获悉，陈某龙死于心源性猝死，病发前一刻他还在工作。企业的灵魂人物、家族掌门人突然辞世，一切让人措手不及。对于其母公司B集团来说，这已经不是第一次痛失掌门人和家族成员了。

A公司以人造板、地板为主业，1999年6月在深圳证券交易所上市。A公司的母公司B集团创始于1978年，是中国民营企业500强之一。2015年4月28日，B集团创始人陈某康意外摔倒，经抢救无效不幸逝世。由于陈某康生前未立遗嘱，也没有指定公司接班人，此后引发了两个儿子（长子陈某军、次子陈某龙）对B集团控制权的争夺。兄弟相争导致银行断贷，令公司陷入经营困境。在争权风波中，两人一度对簿公堂，兄弟阋墙引发外界关注。直至2020年5月A公司董事会召开，陈某龙连任董事长，兄弟两人才握手言和。

B集团5年内两次因掌门人去世而导致家族企业被动传承，引起了资本市场的关注。虽然A公司在公告中表示，目前公司各项经营和管理活动正常，但"领航人"骤然离世，仍给A公司带来了不小的震动。2020年6月1日当天，A公司的股价高位震荡，盘中一度由涨停落至平盘附近。自6月起，陈某龙的哥哥陈某军任A公司董事长。

可以说，B集团的第一次接班完全没有提前规划与预案，导致第二代猝然接班、二子争权。现在第二代掌门人陈某龙离世同样事发突然，不知他生前是否吸取父辈教训，提前对类似的突发事件——包括掌门人突然缺位带来的控制权维稳、家族企业股权和其他财富的身后分配方案、子女接班人选制定及辅佐机制等——有整体预案。陈某龙在年富力强、可以大展宏图的年纪不幸去世，实在令人扼腕。

中年企业家属于承上启下、负重前行的一代，无论是工作压力大，还是频繁地出差、出席商务活动，都致使其成为易产生健康问题的高危人群。笔者为高净值客户提供服务时，发现很多中年企业家内心的焦虑是：如果哪一天我不在了，我的家庭、企业、职工怎么办？但是，我习惯了奔跑，很难停下来静静地思考——如果那一天真的到来了，我是不是应该有所准备？

一、创始人发生意外，家族与企业会面临哪些风险

近年来，有关企业核心人物发生意外，致使家族与企业陷入纷争与困顿的报道层出不穷。这些案例揭示出的被动传承、未做身后财产规划的风险不能小觑。

（一）家族分崩离析，长期陷入企业股权继承纠纷

2013年，云南某集团总裁郝某在法国坠机，意外身亡。因其并未提

前做出任何安排，导致其遗孀刘某某与其年近 90 岁的父亲就遗产分割、股东资格确认等问题陷入了旷日持久的诉讼中。该纠纷涉及中国大陆、中国香港及英国三地的多起诉讼，涉案标的约 200 亿元人民币。相关裁定书显示，该案目前以各方当事人已在案外达成和解，争议纠纷已解决为由，申请了撤诉。

由此可见，没有任何身后安排的家族企业、巨额财富，很可能会浪费巨大的人力、财力和司法资源，也极容易造成企业动荡、姻亲反目。这种后果是谁也不愿意看到的。

（二）家族成员无法获知财产的具体信息，导致传承的财产受损

2018 年 7 月 4 日下午，某集团公司网站的首页改为灰色，并发布了一则讣告：公司联合创始人、董事长王某在国外公务考察时意外跌落导致重伤，经抢救无效，于当地时间 2018 年 7 月 3 日不幸离世，享年 57 岁。在遗产继承方面，该集团规定了所有持股高管在离职或离世时将所持股权捐献给基金会。但王某除股权以外，还有大量的资产以房产、股票、投资等形式分布在全球各地，如果财产信息不明，将给其继承人继承遗产带来不小的阻碍。

很多企业家除了股权财富，还持有其他类型的财产，甚至有不为家人所知的资产配置或代持资产。如果他们没有提前制作财产清单并妥善保管，其家族成员有可能在其过世后无法发现这些财产，导致传承的财产受损。

（三）未提前做债务规划，导致继承人承担巨额债务

2014 年 1 月 2 日，北京某文化传媒公司的实际控制人李某突然去世，其遗孀金某在诉讼无果后，要承担 2 亿元的夫妻共同债务。2017 年 6 月

27日，某集团发布公告称，集团联合创始人林某某已于两天前去世。但林某某因生前为该集团的银行贷款提供担保，去世后银行便向法院提起了诉讼，最终其子女为了避免背负巨额债务，不得不声明放弃对父亲遗产的继承权。上述两个案例均是在未做提前规划的情况下，传承财产的同时也传递了债务。

（四）企业突失领军人物，导致企业无法正常运营，发展停滞

2016年10月5日晚，某移动医疗企业创始人兼CEO张某因突发心肌梗死，不幸去世，享年44岁。2016年6月，该公司表示，公司刚完成12亿元人民币的上市前基金（Pre-IPO）融资，正计划分拆上市，但因张某的突然离世而搁浅。此前，据《新京报》援引知情人士消息称，张某去世后，该公司的实际控制人发生了变更。按照A股IPO规定的要求，公司实际控制人变更后三年，公司才能申请上市。企业领军人物的突然去世，不仅会影响企业的发展，还会影响企业的正常运营，甚至可能会因为企业长期无法正常运营而导致公司破产。

除上述法律风险外，未提前做身后财产规划还可能导致出现家族事务无人打理、家人生活质量无法保证、继承人无法顺利继承公司股权、公司控制权陷入纷争、家族企业易主、接班人不如意等诸多问题。

二、当家族核心人物发生紧急情况时可事先做哪些预案

以上风险其实都能防范，不过需要克服傲慢、拖延、侥幸、轻慢的心理，不要认为这些是小概率事件，与己无关。出于对家人幸福生活的长远考虑与企业治理的责任感，任何一个年富力强的企业家、家族掌门人都应该及时考虑制定自己家族的突发事件预案，这样当意外来临时才

会显得从容淡定。

近年来,越来越多的企业家已经开始关注突发事件的提前规划与安排,我们团队为很多企业家提供了家庭与企业在意外事件中如何平稳度过危机的整体规划,与大家做如下分享。

(一)从家庭角度考虑的紧急预案要点

1. 列出财产清单与明细记录——画出"遗产地图"

企业家的财产包括股权、房产、理财产品、存款、保单、对外债权、期权、贵重动产等,这些资产有可能分布在境内,也有可能分布在境外;有可能自己持有,也有可能委托他人代持。有很多企业家的财产甚至连配偶都不知道到底有多少。所以,我强烈建议企业家抽出时间,详细列出自己名下的财产明细。其中,股权要包括企业名称、股权比例、分红状况等;房产要详列坐落位置、房产证并附购房合同、贷款合同等;存款、理财产品、保单要详列金融机构、产品名称与金额,并附相关文件;详列所有代持资产并附代持协议、代持人联系方式……

这类清单可谓是企业家的"遗产地图"。当风险发生时,它可以给他们的家人最清晰的指引,找到被隐藏的财富。

2. 关于身后财产分配方案,早做安排,避免纷争

(1)订立预防性遗嘱,减少纠纷

中国人一般忌讳谈论身后事。很多客户虽然知道遗嘱很重要,但就是没有去落实。笔者认为,立遗嘱是非常有效的传承工具。我们不妨把遗嘱的表述改为"身后传承规划",可能更好接受。不过,遗嘱不是简单的一纸法律文件,为了避免身后因遗嘱效力而产生纠纷,在订立遗嘱时,建议附上遗嘱人的民事行为能力鉴定,以此确定遗嘱效力。

遗嘱的订立不仅在很大程度上减少了家族成员因遗产继承纠纷而产

生嫌隙的可能，也在很大程度上减少了家族企业的内耗。比如，上文中提到的 B 集团创始人当初如果早立遗嘱，把公司大部分股权传给属意的接班人，这种确定的安排便可以避免出现当初闹得沸沸扬扬的兄弟争产风波。

（2）设立家族信托，按心愿传承财富

近几年，高净值人士越来越青睐用信托工具来落实财富传承方案，包括债务风险隔离、后代婚姻风险隔离等。比如，前述的某集团联合创始人的案例，林某某完全可以在提供担保之前设立家族信托，自己做委托人，由一家信托公司作为受托人，受益人可以写自己的家族成员。因为设立信托后，信托财产便不再是委托人的家族财产，所以既不用偿还委托人的债务，也不会因委托人的债务而被强制执行。林某某去世后，即使其他遗产被用于偿债，但由于信托分配的利益性质不再是遗产，子女仍可以作为受益人通过信托继续获得家族财富的传承。当然，信托的设立不能在债务发生之后，否则有避债之嫌，很可能导致信托设置无效。

（3）配置大额保单，个性化传承财富

家族信托对资金规模有一定的要求，因此没有大规模现金流的人，可以考虑投保人寿保险。比如终身寿险，企业家做投保人和被保险人，身故受益人可以按投保人的心意指定，可以是妻子、儿女、父母等，顺序和比例都可以灵活约定。保单规划安排，意味着当被保险人发生意外时，他想保护的人通过领取保险金可以得到直接的利益，而不需要通过漫长的继承手续或者诉讼才能获得分配。

3. 提前安排救急资金

我们曾经遇到过企业家过世，娇妻幼子被赶出婆家，连生活费都成问题的情形，更遑论诉讼费和律师费的资金来源。继承开始后，如果继承人陷入继承纠纷，股权、房产、存款往往都会陷入保全冻结状态。为了避免因身后诉讼缠身而导致妻子儿女的教育费用、生活费用、诉讼费用捉襟见肘，或者父母失去养老、医疗的后续来源，企业家需要未雨绸缪。笔者建议企业家提前做好身后现金流的安排，不要仅以遗产继承的形式进行安排。关于这一点，很多企业家的做法是放一笔资金在亲友处（要看亲友的人品与债务状况），作为救急资金。但笔者推荐更规范的做法，比如在家族信托中设立专项分配条款，在委托人去世时分配给特定受益人一笔救急资金，也可以通过人寿保险的架构设计，保证即便家庭的经济支柱去世，家属仍可以通过领取身故保险金进行救急安排。

（二）从企业角度考虑的紧急预案要点

企业在一定程度上是企业家毕生心血的凝结。因此，确保企业在突发状况下仍然能够正常运行、稳步发展，也是企业家紧急预案的重点。

1. 对身后股权所有权与控制权传承的安排

一旦掌门人过世，意味着企业股权要面临所有权的继承。如果企业家有多个子女，到底是一碗水端平，还是将大部分股权传给接班人？这是一个非常纠结的问题，没有标准答案。笔者的建议是，股权的财产性权利（如分红权），可以平均分配，但是股权的表决权安排一定要谨慎考虑，并落实在公司章程、遗嘱上。继承一旦发生，股权的表决权应尽量集中在一个子女的名下——给予新的接班人绝对的控制权。这样听起来似乎无情，却是一个较优的选择，可以避免因表决权分散而导致家族企业群龙无首，或者新的接班人因缺乏控制权而导致出现治理僵局。

2. 对辅佐团队的安排

当子女没有足够的能力接班或者没有兴趣接班时，家族掌门人还要考虑身后"托孤"。如何选出德才兼备的辅佐团队也是一个大问题。如果想将管理权交给高管团队（包括由家族亲属担任的高管团队），还要考虑如何有效激励团队忠诚于家族利益，勤勉经营企业，直到下一代接班人能够真正接班。客观地讲，中国的职业经理人要达到德才兼备、能够长期受激励与约束服务于一个家族利益，还有很长的道路要走。但是，有思考，一定比没有思考、直面风险、毫无准备要好得多。

3. 提前遴选外部智囊团，平稳度过公司治理危机

家族企业是家族成员奋斗的结果，一旦掌门人突然辞世，各种利益纠纷往往会集中爆发。与其在发生风险时因缺乏公司治理预案而造成公司动荡，不如提前安排好各项工具、机制，同时遴选公司独立董事、家族委员会顾问、家族私人财富律师等立场中立的外部专业人士参与生前预案设立、身后预案执行的过程，保证家族治理、企业治理的平稳过渡，维护家族利益。

说起来很伤感，不少企业家在和我聊天时心情总是分外沉重：我现在这么辛苦不是为了我自己，而是为了我的家人、员工、追随我的管理层、一票兄弟、信任我的投资人……我希望自己能够保护他们。

是的，"保护他们"是一份沉甸甸的责任，需要企业家在卸下一天疲惫的漫漫长夜里拿出时间和精力去思考——当风险来临时，如何保护他们？企业家们，需要一份预案。

第六节　创始人英年早逝，公司深陷股权纠纷——提前规划真的很难吗

39岁，正是干事业的年纪，尤其是一家上市公司的创始人，而且还手握《三体》这个超级IP的唯一版权。他的前程看似无限光明，然而一切却在一夜之间戛然而止。

2020年12月25日，某上市游戏公司发布公告称，公司董事长暨总经理、实际控制人、控股股东林某因病救治无效逝世，享年39岁。

一、林某的泛娱乐产业版图

据报道，林某的游戏公司于2009年6月成立，2014年6月A股主板借壳上市，四大主要业务包括全球化游戏研发与发行、大数据应用、IP管理工程、泛娱乐产业投资。作为一家互动娱乐供应商，其总部位于上海，另在德国、新加坡等十余个国家设有分支机构，已成功推出了《少年三国志》《盗墓笔记》《权力的游戏：凛冬将至》等多款知名游戏产品，全球累计近10亿个用户。

创始人林某更是一位传奇人物，他曾是一位沉迷游戏的少年，后来成为游戏行业的创业者，公司上市后登上福布斯富豪榜，成为"80后"温商杰出人物。林某对科幻与人类文明颇有情怀，著名科幻小说《三体》中的一句"给岁月以文明"给了他灵感，他开始思考游戏和文明的关系，甚至将企业的使命改为"用科技传颂文明"。公司更是获得了《三体》的超级IP，成为《三体》全球影视剧改编权等权利的唯一所有人。2014年下半年，林某的游戏公司刚上市不久就专门成立了一家文化传媒公司，围绕《三体》这个超级IP来布局电影产业。

林某手握资本与《三体》这个超级IP，前途一片光明，是必定要成为业内传奇人物的。但谁也没有想到，他的商业之路如此短暂。

二、林某身后再起波澜，非婚生子争夺上市公司股份

林某生前直接持有上市公司2.197亿股股份，占公司总股本的23.99%。2021年1月11日晚间，林某的游戏公司公告称，根据上海市某公证处于2021年1月9日的相关公证，林某生前未留有遗嘱或遗赠扶养协议对其所持公司股份进行处分，林某的股份将由其三个未成年子女共同继承，三子所持有的公司股份之股东权益，将统一由其母亲、法定监护人许某某（新加坡籍）代为行使。由此，林某的游戏公司将成为一家没有控股股东的上市公司，许某某通过行使监护权或成为公司实际控制人。

林某未留有遗嘱，根据《民法典》继承编的相关规定，他的遗产应当由他的法定继承人（配偶、子女、父母）继承。从公司公告中，我们至少可以得到两个结论：

第一，林某的股份不是夫妻共同财产，否则应当作夫妻共同财产析

产，而不能全部作为遗产继承。笔者推测，要么林某与许某某没有婚姻关系（同居或离婚），要么二人有夫妻财产约定或财产分割协议。

第二，林某的父母放弃了继承权。鉴于林某没有遗嘱，他的父母原本可以和他的三个子女共同继承，分走林某所持上市公司股份中40%的份额。但根据公司公告，股份继承公证显示林某的父母没有继承他的股份。后期报道也证实，两位老人确实放弃了遗产继承。笔者推测，林某的父母放弃继承股份，应当是家族成员协商的结果，保证不因父母继承股份而导致产生林某的股份被大家庭参与继承、上市公司股权分散无实控人等风险；也许背后会有利益平衡安排，比如林某的父母获得其他财产的补偿。

不到20天，林某的股份继承非常高效地得以解决，内部并未引起纠纷，这也是为了提升市场和投资人的信心，表明公司不会因为实控人去世而导致股权纠纷、影响公司市值。但是，尘埃并未落定。公告次日，一位博主在微博中爆出其姐姐和林某生有一子，质疑公司公告中林某股份的继承方案，并称己方正在全力推进诉讼流程，争取尽快做亲子鉴定检测。

这剧情反转得有点快。我国法律规定，即使是非婚生子女，也有和婚生子女平等的继承权。如果这个冒出来的孩子被证实为林某的子女，那么他可以和林某的其他三个子女一样，享有法定继承人的权利。更被动的是，由于林某的父母已经放弃继承权，这个孩子继承的份额是25%。如果林某的父母当初不放弃继承权，这个孩子的继承份额是六分之一（约16.7%）。根据既有案例，若林某的父母放弃继承权的公证是真实的意思表示，即使之后争产大战中林某的父母想撤回放弃的意思表示，法官也有可能不支持。

若真是四个子女继承股份，就会导致公司增加四个未成年股东，且背后有两位利益不一致的母亲担任监护人,未来公司存在治理纷争风险。

三、壮年企业家可以为股权传承提前做哪些事

(一)像管理公司一样管理关系,搞定"四种人"

笔者每年服务数百位企业家,发现企业家最喜欢进攻——做挣钱的事情,不喜欢防守——做风险控制。其实,对于高净值人士,尤其是手握股权财富的企业家而言,关系是财富管理中最大的变量。关系不稳定,财富就不安全。所以,企业家一定要重视梳理与稳定以下四类关系。

1. 枕边人:婚姻关系是否稳定

很多企业家或者大股东,一旦婚变,就面临着财产被分割的风险。根据我国法律的规定,只要没有夫妻财产约定,婚后积累的夫妻共同财产必须进行分割,到时股权也会被分割,而股权分割势必会影响公司的控制权和公司管理的稳定性。如果林某有合法配偶,这次争产大战还会涉及夫妻共同财产的分割,势必将公司股权进一步细分,对公司控制权的稳定更是不利。

2. 接班人:壮年企业家要不要考虑传承预案

如何把股权平稳地传承给后代,尤其是在多子女家庭,是企业家一早就要考虑的问题,而不是等到年事已高再去考虑。林某的家庭代表了很多企业家的家庭关系——子女多、家庭关系复杂。因此,企业家应针对个人意外风险早做股权传承应急预案,思考并在预案中解决以下问题:

(1)股权所有权如何继承(遗嘱安排)?

(2)公司管理权如何安排,谁来担任 CEO(公司章程安排)?

(3)公司实控权如何安排?多人继承股权后,一致行动如何安排(一致行动协议安排)?

（4）子女没有成年，谁来代行股东权利？如何避免监护人滥用监护权（遗产管理人、信托安排）？

（5）如何保证高管在"托孤"后忠诚勤勉，保护"幼主"（股权激励方案及竞业禁止协议安排）？

（6）非婚生子女能否继承股权，能否进入公司管理层（遗嘱、公司章程、信托及保险补偿安排）？

…………

可惜，很多年富力强的企业家并没有意识到传承预案的重要性。林某的继承风险已没有机会去规避了，但是应该为很多壮年企业家敲响警钟——传承规划预案越早考虑越好。

3. 合伙人 / 高管：股权、管理权分配问题

很多企业家会有这样的顾虑——自己辛苦经营了半辈子的企业，如果自己退休，把企业的经营管理权交出去，其他合伙人和高管还能否继续忠心耿耿地为企业效力，辅佐第二代接班人？这就需要企业家提前做好企业股权、管理权的分配，同时合伙人 / 高管不但要勤勉，还要对企业足够忠诚。

4. 债权人：企业债务是否会成为个人 / 家庭债务

企业在不断扩张业务的过程中，必然会面临融资。而在企业融资的过程中，企业债务有可能因为实控人做担保等原因，转变为实控人的个人债务。那么，林某去世后，根据相关法律的规定，他的遗产（包括股份），首先要清偿其生前的债务。如果这些债务是在婚内产生的，又符合夫妻共同债务要件，不管二人是否离婚，都不能免除前妻对债务承担连带清偿的责任。所以，如果林某还有未偿债务，如融资对赌协议等，那么债权人也会加入他身后的争产大战。

（二）写一份遗嘱是每个企业家基本的担当

笔者想问企业家一个问题：在你的任务清单中，遗嘱的重要性和优先级别是什么？很多人的答案一定是：重要但不紧急，甚至连重要都排不上。

再问一个问题：如果你的公司与"后院"都在"内斗"，你还觉得遗嘱不紧急吗？所以，写遗嘱不但重要，而且紧急。如果林某生前能够抽出一个周末的时间，和家庭法律顾问安排一下遗嘱，确定股份分配方案，那么现在无论是公司，还是家人，抑或是未来的 IP 产业版图发展，都会得到更好的保护。

笔者想强调的是，遗嘱不是一个简单的法律文件。根据我们团队对"大遗嘱"理念及相应法律服务产品的研究，一份严谨的遗嘱应至少包括以下要素。

1. 遗嘱人的全球资产清单

富裕阶层拥有的财富往往比较复杂，房产、股权、金融资产、境外产业……而且常常涉及资产代持。风险突发时，遗嘱人的家人可能根本不知道财产到底有多少，又该到哪里去找。笔者已多次强调，要提前列出全球资产清单，以保证将来分配遗产时，即便有些财产在遗嘱中未被罗列，也有迹可循。

2. 遗嘱人根据实际情况进行行为能力鉴定

无论处于哪一个年龄段，企业家都应该订立遗嘱。针对步入老年阶段的企业家，笔者则建议他们在订立遗嘱的同时，根据实际情况做一个行为能力鉴定。

之所以这样建议，是因为笔者的团队代理过多起遗嘱纠纷，当事人经常以遗嘱人老迈、有脑梗等疾病来质疑遗嘱人的行为能力，进而否认遗嘱的效力。因此，与其把遗嘱人行为能力遭受质疑的风险留在未来，不如在立遗嘱时就做好行为能力鉴定，证明遗嘱人立遗嘱时具有完全行为能力，以确定遗嘱的效力。当然，如果遗嘱人从未发生涉及行为能力的疾病，这一环节可以暂不考虑。

3. 遗嘱是否应当进行公证

《民法典》生效后，公证遗嘱不再具有效力优先地位，但笔者还是建议，有条件的话最好做公证。因为自书遗嘱的真实性容易受到质疑，打印、录音、录像等形式的遗嘱则需要两个无利害关系的见证人。公证遗嘱虽然不具有优先效力，但是它的"保真"效果更好，而且公证遗嘱可以多做几个副本，遗嘱人可以分别把遗嘱放在家里、银行保险柜、私人律师处，避免出现遗嘱遗失与毁损的风险。

4. 复杂传承，建议在遗嘱中指定遗产管理人

林某的案子具有一定的代表性，财产种类复杂、家庭关系复杂、诸多继承人利益不一致。在这种情况下，笔者建议遗嘱人应在遗嘱中指定遗嘱执行人，即遗产管理人，由遗产管理人在身后处理遗产、追索债权，推进遗产分配事宜。这个角色非常重要，类似于公司注销时的清算组。要想身后清净，就要提前安排好这些关键角色。我国《民法典》规定，遗嘱没有指定遗嘱执行人，或没有遗嘱的，遗产管理人由继承人共同推选，推选不成的，共同担任……所以，对于利益不一致的继承人来说，遗产管理人很难产生，这就是一定要写遗嘱并指定遗嘱执行人的原因。这个角色，可以由值得信任且有才干的亲友或者家庭法律顾问、财富顾问充当。

（三）每个企业家都要有自己的家庭法律顾问

企业和家庭都是社会的经济活动单元。然而，企业家大多只重视公司的法律顾问，对于关键交易、公司管理，都会咨询法律顾问的意见，提前预防风险。但是，对于家庭财富安全、家庭顶梁柱的人身安全、家庭创业风险、家庭传承计划、家庭税务规划、家庭资产配置方案规划等这些涉及家庭的重大安排，又有多少人会留出预算与时间，配备家庭法律顾问呢？

我相信林某在公司上市、《三体》IP 版权事务中，一定委托了专业的律师团队，甚至该文化传媒公司的前 CEO 都是律师出身。但是，如果他有专业的家庭法律顾问，他应该会及时留下遗嘱，并指定遗产管理人，也应该会早早地制定紧急事件的股权传承预案，对不同关系的人员做稳妥安排。

林某的财富故事，是一个壮志未酬、充满遗憾的故事。他有热情、有天才的商业构思、有成功的资本市场运作手段，却猝然辞世，令人唏嘘。他的故事告诉我们——有些事，真的可以提前做；有些坑，后人可以不再踩。

第三章
婚姻财富

第三章　婚姻财富

第一节　杭州女子失踪案启示：再婚家庭如何避免利益纠葛

男大当婚，女大当嫁。按照传统，人到了一定年龄，就要结婚成家。然而，现实中有不少人恐婚。他们的理由多种多样，比如怕夫妻感情褪色，怕失去自由，怕家庭矛盾。最近，恐婚的理由又加了一条，怕同床共枕的亲密爱人有着至暗人性……

2020年7月，发生在浙江省杭州市某小区的一起女子失踪案有了眉目。7月25日上午，杭州市公安局召开了"杭州女子失踪案"新闻通气会。会议通报称，犯罪嫌疑人许某某因家庭矛盾对妻子来某某产生不满，7月5日凌晨，在家中趁来某某熟睡之际将其杀死，分尸后分散抛弃。警方表示，犯罪嫌疑人许某某已被依法采取刑事强制措施。

可怕的是，案发后，许某某多次淡定地接受媒体采访，面对镜头，他很肯定地表示妻子一个人无法离开小区，说："她一个人，出不去的，按她的智商。"据新闻媒体报道，许某某老家的村民描述他"对人很客气""笑眯眯的""村里没人说他不好"，说起许某某涉嫌杀害妻子，村里人都说"不敢相信""很意外"。许某某就职于某地铁集团（负责驾驶汽车）。该地铁集团方面称，许某某在案发前工作表现无异常。

2020年，许某某55岁，比来某某大两岁。两人分别与前任离婚后，于2008年再婚。许某某与前妻育有一子，来某某与前夫育有一女，两人又共同生育了现年12岁的小女儿。更让人唏嘘的是，二人曾是初恋情人，因父母不同意而被迫分开，后来各自组建了家庭，相遇之后又重新走到了一起。

那么，为什么好不容易走到一起的初恋情人，最后会演变为一桩轰动全国的杀妻碎尸大案？法院经审理查明，许某某因感情、经济等方面的家庭生活矛盾，对来某某心生怨恨，最终有预谋地将来某某杀害。案发当日，许某某与来某某发生口角，之后，许某某又想到两人关于拆迁所得的房子和钱的纠纷，这一系列的联想使他产生了杀人的念头。

来某某一定没有想到，年轻时的恋人、中年时的伴侣、孩子的父亲，会在自己熟睡时，按下了人性恶的按钮……案子被侦破后，我觉得所有婚姻内的男女，尤其是再婚家庭，都会感到担忧——我的那个他/她，会不会有我根本不了解的面目？

可以说，这个案件之所以这么快告破，很大原因在于媒体的介入、全国人民的围观，以及当地警力的大力投入。但是，如果案件没有被侦破，那么按照法律的规定，他作为配偶，可以分得夫妻共同财产的一半，同时还可以作为法定继承人，继承来某某名下的遗产份额，获得房子和钱。幸好，天网恢恢。

2020年8月6日，杭州市人民检察院以涉嫌故意杀人罪，依法对犯罪嫌疑人许某某批准逮捕。2021年7月26日，浙江省杭州市中级人民法院对被告人许某某故意杀人刑事附带民事诉讼一案进行公开审判，以故意杀人罪判处被告人许某某死刑，剥夺政治权利终身；判决其赔偿附带民事诉讼原告人经济损失20万元。

那么，许某某被判死刑，两人的共同财产及来某某的遗产又该如何分配呢？笔者从法律角度做如下分析。

1. 一方杀害配偶，夫妻财产如何分割

虽然是许某某将来某某杀害，但法律无权剥夺许某某已有的财产。因此，在来某某被杀害后，其夫妻二人的共同财产会被分割，属于许某某一方的份额会变为其个人财产，而属于来某某一方的份额便会作为遗产，分别由有继承权的继承人进行分配。

来某某如果只是重伤的话，还可以通过离婚诉讼，依据法律的相关规定，以男方实施虐待或家庭暴力而提起损害赔偿，从而使得女方获得更多的财产。但本案却因来某某已经去世而无法再主张其相关权利，导致许某某虽以残忍的手段杀害来某某，在析产时却没有相关法律依据能让他少分财产，只能通过后续的刑事附带民事诉讼让男方进行相应的赔偿，实属遗憾。我们也期待后续能有相关的司法解释填补此处的法律空白。

《民法典》

第一千零九十一条　有下列情形之一，导致离婚的，无过错方有权请求损害赔偿：

（一）重婚；

（二）与他人同居；

（三）实施家庭暴力；

（四）虐待、遗弃家庭成员；

（五）有其他重大过错。

2. 女方近亲属可以提起刑事附带民事诉讼，要求赔偿

依照我国法律，由于女方已经被其丈夫杀害，女方的近亲属可以在刑事诉讼过程中，即在侦查、审查起诉、公诉阶段提起刑事附带民事诉讼，要求犯罪分子承担相应的民事赔偿责任，比如被害人的丧葬费、被抚养人的生活费等费用。本案中，被害人来某某的近亲属提起了刑事附带民事诉讼，要求被告人许某某赔偿各项经济损失合计271万元。

《最高人民法院关于适用〈中华人民共和国刑事诉讼法〉的解释》

第一百七十五条第一款　被害人因人身权利受到犯罪侵犯或者财物被犯罪分子毁坏而遭受物质损失的，有权在刑事诉讼过程中提起附带民事诉讼；被害人死亡或者丧失行为能力的，其法定代理人、近亲属有权提起附带民事诉讼。

3. 男方杀害女方，无权继承女方财产

根据《民法典》继承编的规定，故意杀害被继承人的继承人将丧失继承权。本案中，由于许某某故意杀害妻子，因此他已经丧失了继承妻子遗产的资格。许某某与前妻的儿子是与前妻生活的，并未与来某某形成扶养关系，因此许某某与前妻的儿子不会被列为来某某的法定继承人。

《民法典》

第一千一百二十五条第一款　继承人有下列行为之一的，丧失继承权：

（一）故意杀害被继承人；

（二）为争夺遗产而杀害其他继承人；

（三）遗弃被继承人，或者虐待被继承人情节严重；

（四）伪造、篡改、隐匿或者销毁遗嘱，情节严重；

（五）以欺诈、胁迫手段迫使或者妨碍被继承人设立、变更或者撤回遗嘱，情节严重。

4. 小女儿的监护权归谁

许某某的错误决定，让原本完整的家庭陷入支离破碎的境地。最让人揪心的便是他们12岁的小女儿，母亲被父亲杀害，父亲也因故意杀人罪面临死刑。此时，父亲和母亲都失去了监护能力，根据《民法典》总则编第二十七条的规定，小女儿的监护人可由下列人员按顺序担任：（1）祖父母、外祖父母；（2）兄、姐；（3）其他愿意担任监护人的个人或者组织，但是须经未成年人住所地的居民委员会、村民委员会或者民政部门同意。

据媒体报道，小女儿的祖父母、外祖父母均已死亡，依照法定监护顺序，其兄、姐可以担任监护人。此处的兄、姐，包括同父异母和同母异父的兄、姐。因此，来某某与前夫的女儿、许某某与前妻之子都可以担任监护人，双方可以基于被监护人的意愿进行协议。协议不成的，由被监护人住所地的居民委员会、村民委员会或者民政部门指定监护人。有关当事人对指定不服的，可以向人民法院申请指定监护人。最新消息称，目前小女儿暂由来某某的姐姐抚养，但最终由谁抚养，还不确定。

《民法典》

第二十七条　父母是未成年子女的监护人。

未成年人的父母已经死亡或者没有监护能力的，由下列有监护能力的人按顺序担任监护人：

（一）祖父母、外祖父母；

（二）兄、姐；

（三）其他愿意担任监护人的个人或者组织，但是须经未成年人住所地的居民委员会、村民委员会或者民政部门同意。

"杭州杀妻分尸案"给公众造成了一定的心理阴影，甚至加剧了年轻人的恐婚情绪。尤其在今天，婚姻已经不仅是情感的纽带，也掺杂着各种利益。在隐秘的角落里，也许还有很多"许某某"存在。那么，如何让婚姻回归单纯，不再因为贪念而按下人性恶的按钮呢？笔者根据自己多年的执业经验，总结出以下建议，希望能够让更多的重组家庭有更加安全的婚姻。

1. 划清财富界限——订立夫妻财产约定，各自订立遗嘱

再婚夫妻虽有感情的需要，但是也有各自利益的顾虑，也就是老百姓说的"半路夫妻，各有苦衷"。与其各自猜忌，不如打开天窗说亮话——再婚只图感情不图财产，实行双方财产分别所有。这就需要双方建立现代家庭治理理念，订立夫妻财产约定、各自订立遗嘱、设置家庭基金等。

（1）订立婚前或婚后的书面的夫妻财产约定，约定婚前财产在婚后的收益以及婚后各自的收入归各自所有，把大宗财产（如股权、房产、金融资产）的归属确定下来，变小心思为共识，确定财产的边界，就不用担心对方有所企图。

（2）夫妻双方各自订立遗嘱，哪些财产留给前婚子女，哪些财产留给共同子女，哪些财产留给对方，通过对等原则安排好各自的身后事。同时，笔者建议在遗嘱中指定除配偶以外值得信任的遗产管理人，避免一方去世后，配偶利用近亲属身份侵吞、转移、隐匿遗产。

事先通过遗嘱、夫妻财产约定明确财富界限，即使未来双方离婚或一方突然去世，他们的财产也会因已经事先安排妥当，可以安全地传承下去。这就是用"阳谋"来抵御可能会出现的"阴谋"。

（3）建立家庭共同消费基金来支付共同生活成本，包括养育子女、生活日常消费等。当然，这种方式需要双方的经济实力对等，而不是一方依赖另一方；同时，也需要双方有现代的财富与家庭治理观念，有足够的理性来处理清官都难断的"家务事"。

2. 大额人寿保险，受益人写双方共同的子女更安全

近年来，大额人寿保险已经成为中产阶级家庭财产配置的标配。但是，人性最怕被考验。2019 年，新闻接连爆出数起杀妻骗保案件。

2018 年 6 月起，张某在妻子不知情的情况下，陆续为她投了 18 份保险，投保金额总价值为 3000 万元左右，而且都是寿险，受益人均为张某自己。2018 年 10 月 29 日，张某与妻子一同去普吉岛旅游，随后妻子被发现已被他人残忍杀害。2018 年 12 月，张某认罪，杀妻动机是骗保。

多么荒谬！为了骗取高额保险金，张某故意制造妻子"意外身亡"的假象，妄图瞒天过海。先不说被保险人不知情，保险合同根本就无效，就说这种行为本身已经构成了保险诈骗罪、故意杀人罪，需要承担严重的刑事责任，保险公司对此情形也不需要赔付。

《中华人民共和国保险法》

第三十四条第一款　以死亡为给付保险金条件的合同，未经被保险人同意并认可保险金额的，合同无效。

第四十三条　投保人故意造成被保险人死亡、伤残或者疾病的，保险人不承担给付保险金的责任。投保人已交足二年以上保险费的，保险人应当按照合同约定向其他权利人退还保险单的现金价值。

受益人故意造成被保险人死亡、伤残、疾病的，或者故意杀害被保险人未遂的，该受益人丧失受益权。

所以，再婚家庭在配置大额保单时，笔者建议受益人写双方共同的子女，这样无论是离婚，还是被保险人死亡，都可以提前防范风险——如果双方离婚，且保费来源于夫妻共同财产，那么这张保单的现金价值一般是要退保分割或折价补偿的。但如果受益人是双方共同的子女，主流裁判观点则认为该保单属于夫妻赠与子女的财产，不作为夫妻共同财产分割。

不过，如果受益人是未成年子女，活着的一方也存在控制巨额保险金的风险。这里，笔者建议大家以保险金信托的方式，对未来身故保险金做信托安排。当然，也可以将受益人指定为自己一方的父母，同时委托父母专用这笔保险金养老或为（外）孙子女生活、教育所用。

3. 再婚家庭用家族信托安排财富，让感情更融洽

夫妻财产约定、遗嘱等常规法律安排，虽然简单有效，但面临一个巨大的挑战——情感障碍。很多客户觉得签署夫妻财产约定伤感情，本来是一起过日子的，现在一签夫妻财产约定，就会出现心结与嫌隙。所以，再婚家庭也可以考虑用家族信托来分配家庭财富。

关于家族信托的功能，笔者将在本书第四章中细致解读，此处不再赘述。这里只从受益人的灵活性方面做简要分析。其实，再婚家庭中最复杂的就是关系，那么在家族信托中，分配家庭财富可以按照以下三个逻辑进行：

（1）按心愿。在复杂的再婚家庭中，很难做到一碗水端平，有时候自己也不想端平。那么,如何才能既按心愿分配又不至于引发家庭矛盾与争端呢?在家族信托中,其实受益人的分配范围、比例、顺序都是可以"定制"的。所以,我们可以在遗嘱中搞"平均主义",在信托受益人条款中结构化安排,保护我们最想保护的人。因为信托合同是保密的,所以具有强大的隐秘传承功能,不会导致身后纷争。

(2)有控制。家族信托与人寿保单、遗嘱等简单工具相比,优势之一就是它的灵活性,它赋予委托人对身后财富的延续控制更多的可能性。有人将之生动地比喻为"坟墓里伸出的一只手"。人寿保险、遗嘱对财富的分配都是一次性的,即使受益人或继承人是自己的子女,如果子女未成年,还会存在子女挥霍财产、监护人侵吞遗产等风险。如果通过信托进行保护,便可以对留给子女的财产进行结构化安排。比如,受益人22岁之前只能支取基本生活费或按升学、疾病等事件支取费用,待其到达某个年龄,才加大分配力度或全部分配。同时,这样还可对受益人的监护人进行相关的监督。这样的安排可以大大减少委托人身后留给子女的财产被挥霍或侵吞的顾虑。当然,这个机制常常会受到受益人的质疑,被其认为是财富的"紧箍咒",所以限制条款必须合理,既要防范风险,又不能过度限制财富。

(3)早隔离。家族信托的基本法理是,信托一旦设立,信托财产就是独立的,不再属于夫妻任何一方。所以,对于再婚家庭来说,无论是离婚,还是一方死亡,另一方都不能以分割夫妻共同财产或法定继承为由,要求分割信托财产,只能按照信托合同,看自己是否有信托受益权。这样的安排,其实就等于把一部分财产预先放入"保险箱"。即使将来发生不测,信托财产也会按照信托合同的规定"自动巡航",按委托人的心愿进行分配。

相信很多读者读到这里心情并不轻松。难道日子真要过成这样,彼此防范吗？其实，这是一个选择题，可以选择以爱情障眼来"赌"婚姻都很美好；也可以选择提前把"贪婪之蛇"驱离，畅享"伊甸园"的智慧之果。

生活，本来就是复杂的。

第二节　离婚的时候，儿媳可以要求分割公婆的遗产吗

笔者曾接待过一位来咨询离婚的女士，她咨询的一个问题让我印象深刻。

李女士与丈夫共同创业。第二个孩子出生后，她就主动回归家庭，由丈夫一个人打理已经走上正轨的企业。这几年，他们的企业越做越大，两个女儿也学业有成，在周围人眼中，他们的家庭无比幸福。但就在不久前，李女士梦幻般的完美生活被一个电话打破。电话是一个年轻女性打来的，对方告诉她："你没有能耐给老王生的儿子，我帮他生了！"李女士无法接受丈夫出轨，更无法接受对方用儿子"逼宫"，提出要和丈夫离婚。丈夫起初不同意，随后告诉李女士："婚可以离，但是咱家的三套房子都抵押给银行了，公司账上没有钱，你我只有债务可以分割。你看着办吧。"

很明显，对方早已把家庭资产巧妙地转为负债，公司也是亏损状态。即使这婚能离，二人分的也都是债务。就在笔者替李女士犯愁的时候，

李女士在咨询中偶然提供了这样一条线索：李女士的公公在几年前去世了。公公婆婆有好几套房子，他们只有王先生这个独子。因为婆婆还在世，所以王先生一直没有办理遗产的分割与继承手续。李女士问我："公公的遗产，我能在离婚中提出分割吗？"

这是一个好问题。婚内一方的父母去世后，继承人很可能长时间不会处理继承事宜，那么在离婚时另一方能否要求分割这些遗产呢？李女士咨询的同类案件在现实中也有很多，笔者就以此案为例来分析一下。

一、丈夫继承的房产是否为夫妻共同财产

如果李女士在离婚诉讼中想要对男方继承的房产进行分割，首先需要确定男方继承的房产是否属于夫妻共同财产。如果是，女方才有分割财产的依据。根据《民法典》相关条款，若该房产是男方在婚姻关系存续期间继承而来，且公公未留有遗嘱明确表明该房产只由男方一人继承而与男方的配偶无关的，那么该房产便属于夫妻共同财产。

《民法典》

第一千零六十二条　夫妻在婚姻关系存续期间所得的下列财产，为夫妻的共同财产，归夫妻共同所有：

（一）工资、奖金、劳务报酬；

（二）生产、经营、投资的收益；

（三）知识产权的收益；

（四）继承或者受赠的财产，但是本法第一千零六十三条第三项规定的除外；

（五）其他应当归共同所有的财产。

夫妻对共同财产，有平等的处理权。

二、丈夫并未实际分割遗产，妻子可要求分割吗

如本案这种情形，继承虽然开始于婚姻关系存续期间，但截至女方提起离婚诉讼之时，男方仍未对遗产继承的份额进行明确，即并未在婚姻关系存续期间对继承的房产进行析产，那么此时女方还可以要求分割遗产吗？

案例

案号：（2019）湘民申1866号

审理法院：湖南省高级人民法院

案情简介：王某明与尹某珠离婚时，签订离婚协议，协议中约定"一切财产都归孩子"。但在离婚后，王某明认为赠与的财产必须是自己拥有所有权的财产，如果将尚未分割的遗产赠与他人，则侵犯了其他继承人的合法财产权益，其赠与行为无效。王某明与尹某珠在协议离婚处理财产时，涉案房屋为遗产，且未进行分割，直至2017年8月11日经法院判决才确定王某明享有51%的份额，该财产不属于《合同法》[①]规定的赠与合同签订时的赠与财产，故不配合办理相关交付手续。现王某明的两个孩子提起诉讼，要求王某明协助二人办理相关交付手续。

法院认为：虽然在王某明与尹某珠离婚之时，王某明对于上述房屋继承权的份额并未确认，也未将权利登记在王某明的名下，但并不能否定王某明享有该房屋的继承权。继承权是一种具有财产性质的权利，且

---

① 自2021年1月1日起，《民法典》正式施行，《民法典》合同编取代《合同法》。

王某明的父母相继去世之后，遗留下的财产即涉案房屋所有权也是明确和具体的。王某明因继承所取得的房产份额属于夫妻共同财产。故王某明申请再审，称"原二审判决认定涉案房产51%的份额属于王某明与尹某珠婚姻关系存续期间夫妻共同财产的证据不足"的理由不能成立。

因此，根据上述案例可知，法院在认定继承的遗产是否属于夫妻共同财产时，会遵照以下标准：

（1）无遗嘱或遗嘱中没有明确表明遗产只由继承人一人继承且与配偶无关；

（2）该继承须开始（被继承人死亡）于婚姻关系存续期间；

（3）夫妻中有继承权的一方未明确表明放弃遗产继承。

如满足上述条件，该遗产则为夫妻共同财产。即便在离婚后才确定了具体的继承份额，也不影响遗产为夫妻共同财产的性质。同时，根据上述案例表现出来的法院观点可知，李女士无权在离婚诉讼中直接要求对配偶未分割的遗产进行分割，而只能在遗产实际分割后，主张由配偶继承的财产份额属于夫妻共同财产，需要在夫妻之间进行进一步的分割。

三、为何妻子无法直接要求继承人分割未分割的遗产

案例

案号：（2017）豫10民终3779号

审理法院：许昌市中级人民法院

案情简介：康某某、刘某某夫妇分别于1990年11月5日、1998年2月19日去世。康某某、刘某某夫妇原有房产一处，1970年因政府修建自来水厂，该房屋被政府征用、拆除，政府在城关镇××街为夫妇二人置换了三间瓦房。自1992年开始，在夫妇二人的次子康某1的奔波下，

这三间瓦房置换成了八间平房。2001年，在房屋确权后，这八间平房全部登记在了康某1名下。2015年，康某某夫妇的四女康某2认为这八间平房为遗产，遂提起诉讼要求分割。

法院认为：涉案房屋源于双方父母康某某、刘某某夫妇原有房产，后经上诉人康某1一直奔波争取，于2001年才获得相应补偿，但权利基础来自康某某夫妇，故本案房屋属遗产范围。同时，虽然八间房屋都登记在康某1名下，但最高人民法院在1987年10月17日发布了《关于继承开始时继承人未表示放弃继承遗产又未分割的可按析产案件处理问题的批复》，该批复确定了继承开始后、遗产未分割前，各继承人未表示放弃继承的，应视为均已接受继承，诉争的房屋应属各继承人共同共有，他们之间的纠纷可按析产案件处理。

由上述案例可知，在司法实践中，未分割的遗产由未声明放弃继承的全体继承人共同共有。由于李女士不是公公婆婆的继承人，那么李女士便不是该遗产的共同共有人。根据《民法典》物权编第三百零三条的规定，要求分割共有物的主体须为共同共有人。因此，李女士无权要求分割公公婆婆的继承人的共有物。除此之外，根据《民法典婚姻家庭编司法解释（一）》第八十一条的规定，我们也可以明确，在离婚诉讼中，李女士无法直接要求分割其配偶作为继承人可以依法继承的、尚未分割的遗产，只能等遗产实际分割后再另行提起诉讼。

《民法典》

第三百零三条　共有人约定不得分割共有的不动产或者动产，以维持共有关系的，应当按照约定，但是共有人有重大理由需要分割的，可以请求分割；没有约定或者约定不明确的，按份共有人可以随时请求分割，共同共有人在共有的基础丧失或者有重大理由需要分割时可以请求分割。因分割造成其他共有人损害的，应当给予赔偿。

《民法典婚姻家庭编司法解释（一）》

第八十一条　婚姻关系存续期间，夫妻一方作为继承人依法可以继承的遗产，在继承人之间尚未实际分割，起诉离婚时另一方请求分割的，人民法院应当告知当事人在继承人之间实际分割遗产后另行起诉。

四、丈夫是否可以不经妻子同意而放弃继承

继承权是一种特殊的财产权。与一般的财产权不同，继承权与继承人的人身有密不可分的联系，具有明显的人身属性。它在众权利中比较特殊，根据《民法典》继承编第一千一百二十四条的规定，继承人在继承开始后、遗产分割前是可以放弃自己的继承权的。

《民法典》

第一千一百二十四条第一款　继承开始后，继承人放弃继承的，应当在遗产处理前，以书面形式作出放弃继承的表示；没有表示的，视为接受继承。

那么，丈夫放弃继承需要经过妻子的同意吗？一方面，作为特定的继承人，放弃继承权只是对自己的权利的处分，与配偶无关，配偶无权干涉；另一方面，配偶没有继承对方父母遗产的权利，因此也不享有对此财产的请求权。因此，遗产继承人有权决定是否接受继承，无须征得配偶的同意。

案例

案号：（2015）一中民终字第00189号

审理法院：北京市第一中级人民法院

案情简介：隋某与陈某于1984年登记结婚。在二人婚姻关系存续期间，陈某的母亲王某某于2008年1月去世，遗产未进行分割。2012年，陈某放弃继承母亲的遗产，而由陈某的父亲继承。2013年，隋某与陈某经法院判决离婚。隋某认为，陈某作为王某某的法定继承人，有权继承王某某的遗产，该遗产应属夫妻共同财产，而陈某放弃对王某某的遗产的继承权，是单方对继承所得夫妻共同财产进行处分，恶意转移夫妻共同财产，故诉至法院，要求依法分割遗产。

法院认为：陈某作为王某某的法定继承人，有权放弃遗产的继承权，并不影响原夫妻关系的另一方履行对其子女、配偶的法定义务。继承开始后、遗产分割前，继承的遗产为期待利益，而非实际财产，不属于夫妻共同财产，不存在恶意转移夫妻共同财产的行为，陈某放弃对其母王某某的遗产的继承权应属合法有效。

根据上述案例可知，法院的裁判观点为，在遗产进行正式分割之前，继承人对于遗产是否享有所有权还处于一个待定的状态，继承的遗产仅为期待利益，而非实际财产。因此，既然所有权未确定，那么这部分财产便不可能是夫妻共同财产，一方放弃，不会损害另一方的利益。再者，由于法律赋予了继承人放弃继承权的权利，那么是否行使、如何行使是继承人的自由，无须征得配偶的同意。

五、遗产分割后，配偶可以要求分割这部分夫妻共同财产吗

若一方在离婚后才实际继承了父母的遗产，前夫或前妻可以以还有

未分配的夫妻共同财产为由提起离婚后财产纠纷诉讼，主张分割对方继承的遗产，而且针对该理由，法律并未规定诉讼时效。

分析到此处，李女士咨询的案件脉络也逐渐梳理开了，笔者针对该案情给出当事人如下建议。

1. 如无特殊情况，婚姻关系存续期间一方继承的遗产，确为夫妻共同财产

李女士担忧的核心问题之一是，她到底有没有权利分割公公的遗产。其实只要公公没有留下遗嘱明确该遗产只由其儿子一人继承，那么公公的遗产一经继承就会是夫妻共同财产。即便该遗产在婚姻关系存续期间并未实际分割，而是等到离婚后才实际确定继承份额的，只要前夫未放弃继承，就不影响其属于夫妻共同财产的性质。

2. 法律并未规定限制配偶一方放弃继承权的条件

正如前文所分析的那样，一方可以不经配偶同意自行决定放弃继承权。因此，实践中极有可能出现以下规避遗产成为夫妻共同财产的手段：丈夫放弃遗产后，其他继承人获得了相应份额；在二人离婚后，其他继承人将之前丈夫放弃的份额再赠与他，这样就完美地规避了此部分财产在离婚中被分割的风险。但遗憾的是，目前并没有什么好的办法可以阻止继承人放弃继承权。

3. 持续关注遗产分配进程，及时提起离婚后财产纠纷诉讼

既然确定丈夫继承的财产为夫妻共同财产，那么李女士便不必着急，可以等待遗产进行实际分割后，再提起离婚后财产纠纷诉讼，要求分割此部分未分割的夫妻共同财产。

4. 不要做"三不知太太"，夫妻财产应尽早安排

李女士最初也陪着丈夫一起打拼，为这个家付出良多。只是在公司进入正轨后，她回家当了全职太太，养育孩子。丈夫暗中转移家庭财产的行为着实可恶,但这也告诫广大已婚女性,一定不要做"三不知太太",对公司情况、家庭财产都要主动了解,才能更好地维护自己的利益。其实,舆论上对儿媳或女婿在离婚中提出分割对方父母的遗产的情况比较反感,但是像李女士这样属于婚姻中被蒙蔽、伤害的一方,拿起法律武器去谈判、协商,未尝不是一个争取公平的方法。

第三节 赔了夫人不能折兵：父母如何给已婚子女出钱买房？

中国式父母一辈子为子女操劳，总想为孩子提供最好的生活条件和环境，甚至基于中国传统思想，连孩子的房子都想着给置办了。本节笔者就给大家讲讲，子女结婚后，父母应该如何出钱给他们买房。

王先生的父母是中国的第一代企业家，经过多年打拼，积攒了丰厚的家业。前些年，王先生的父母在美国投资置业。不过，随着美国近期经济发展及投资前景不明朗，他们开始考虑未来在中国置业，其中包括给儿子在上海买一套高档公寓。

王先生与妻子是自由恋爱结婚，并共同孕育了两个孩子，感情非常好。但他们一家使用的房产是由王先生的父母出钱购买的，为了避免日后出现不必要的纷争，王父和王母都希望这套价值几千万元的房产属于儿子个人所有。所以，王先生带着问题来咨询笔者：父母付的首付及后续贷款给王先生买房子，这些钱应该算是父母借给他的，还是送给他的？如何筹划才能避免未来这套房子成为夫妻共同财产？王先生对此感到十分困惑。

王先生的困惑想必很多人也有。婚后若以父母的钱为购房款来购买房产，并登记在子女个人的名下，那这笔购房款以借款或赠与中的哪一种形式给到子女，能使该房产被认定为子女一方的个人财产呢？笔者就以此案为例，在法院判决的基础上，为读者们分析一二。

一、父母借钱给已婚子女买房，该房产是否属于子女的个人财产

受到限购、资金等条件的限制，很多父母只能在孩子结婚后才能出资给孩子买房，但以借款的方式为子女购得的房产是子女的个人财产吗？让我们来看看相关案例。

案例

案号：（2020）沪01民终5968号

审理法院：上海市第一中级人民法院

案情简介：王甲与王乙系父子关系。王乙与周某系夫妻关系，二人于2018年登记结婚。王甲于2019年4月给王乙转了三笔钱，合计108余万元。2019年6月，王乙夫妻购买位于上海市浦东新区的一套房屋（以下简称涉案房屋）并登记在二人名下。2019年12月，王乙向王甲出具欠条，内容为："本人确认于2019年分三笔向父亲借款108万元，用于本人和妻子周某支付共同购置某房屋的首付款。因当时没有出具借条，现在出具欠条为证。"现王甲持该欠条及转账明细清单诉至法院。

法院认为：本案争议的焦点为王甲转给儿子的款项性质为赠与款还是借贷款；如确为借贷款，是否属于王乙与周某的夫妻共同债务。

从常理来看，父母向子女转账时一般不会将款项备注为借款，根据

王甲第三笔款项数额较大且备注款项为借款的事实，可以认定王甲转账支付第三笔款项具有向王乙出借钱款的意思表示，而非赠与的意思表示。除此之外，王乙于2019年12月通过向王甲出具欠条的方式对前述三笔钱款的转账时间及转账总额进行了书面补充确认，该欠条的出具系王乙真实的意思表示，由此可以认定王乙与王甲达成了前述三笔款项的借贷合意。又根据王甲通过银行转账方式向王乙完成了前述三笔款项的交付。综上，可以认定王甲与王乙间就前述三笔款项的借贷关系依法成立。

虽然王乙个人与王甲就前述三笔款项成立借贷关系，但是王乙将借款用于购买涉案房屋，且涉案房屋产权登记为王乙与周某共同共有，因此王乙向王甲的借款应认定为王乙与周某的夫妻共同债务。

根据这个案例我们可以知道，父母出钱给子女买房，子女离婚时，往往会衍生出一类问题——该出资到底属于赠与还是借款。出资一方肯定希望能够将此确定为借款，这样离婚诉讼关于财产分割，需要一并考虑对出资一方的父母的债务的清偿。然而，出资一方的父母要想主张是借款而非赠与，首先，需要有足够的证据，形成完整的证据链，证明出资属于借款。证据一般包括书面借条、借款意向证明、转账证明等。其次，在认定该款项属于借款后，上述案例中法院还将该债务认定为夫妻共同债务，主要原因在于该房产是登记在夫妻二人名下的，因此法院将这笔借款的实际用途定性为家庭日常生活需要。根据当时的司法解释，该债务为夫妻共同债务。

《最高人民法院关于审理涉及夫妻债务纠纷案件适用法律有关问题的解释》（现已失效）

第二条[1]　夫妻一方在婚姻关系存续期间以个人名义为家庭日常生活需要所负的债务，债权人以属于夫妻共同债务为由主张权利的，人民法院应予支持。

笔者认为，该涉案房屋属于王乙婚后购买，在没有夫妻财产约定或其他相反事由可以推翻的情况下，该房产属于夫妻共同财产。为了避免整体财产损失，所以在房产被认定为夫妻共有的前提下，王甲只能通过向王乙夫妻二人主张债务偿还，从夫妻共同财产中清偿债务，才能尽量减少离婚时男方父母出资购房的损失。

实际上，即使王甲胜诉，也只保护了购房款的出资，保护不了整套房产的所有权。那么，有没有什么办法可以保护整套房产的所有权呢？如果该涉案房屋登记在王乙一人的名下，结果会不会有所不同呢？

根据《民法典婚姻家庭编司法解释（一）》第二十九条第二款："当事人结婚后，父母为双方购置房屋出资的，依照约定处理；没有约定或者约定不明确的，按照民法典第一千零六十二条第一款第四项规定的原则处理。"

《民法典》

第一千零六十二条第一款　夫妻在婚姻关系存续期间所得的下列财产，为夫妻的共同财产，归夫妻共同所有：

（一）工资、奖金、劳务报酬；

（二）生产、经营、投资的收益；

---

[1] 《最高人民法院关于审理涉及夫妻债务纠纷案件适用法律有关问题的解释》第二条对应《民法典》第一千零六十四条第一款："夫妻双方共同签名或者夫妻一方事后追认等共同意思表示所负的债务，以及夫妻一方在婚姻关系存续期间以个人名义为家庭日常生活需要所负的债务，属于夫妻共同债务。"

（三）知识产权的收益；

（四）继承或者受赠的财产，但是本法第一千零六十三条第三项规定的除外；

（五）其他应当归共同所有的财产。

所以，按照《民法典婚姻家庭编司法解释（一）》的最新规定，即便涉案房屋只登记在王乙一人名下，且王乙能够证明该房产的购房款由父母出资，但如果王乙的父母没有约定该出资是赠与王乙一人的，那么这笔出资将被推定为是赠与夫妻二人的，所以出资购得的房产也属于夫妻共同所有。需要注意的是，《民法典婚姻家庭编司法解释（一）》对于婚后父母出资购房的规定与《民法典》生效之前的司法解释正好相反（之前的规定是，只要是一方父母出资，登记在己方子女的名下，即使没有约定赠与一方，也推定为赠与己方子女个人，房产为子女的个人财产）。

所以，若父母在子女婚后资助购房，笔者建议通过赠与协议等载体明确该购房款仅是对于自己孩子一人的赠与，与其配偶无关。

二、父母将房产赠与已婚子女，该房产是否属于子女的个人财产

上述案例是父母直接将钱转给子女，让子女来买房。那么，父母直接将房产赠与子女又是怎样的情况呢？

案例

案号：（2019）沪01民终8015号

审理法院：上海市第一中级人民法院

案情简介：房屋登记在程某楠、王某及案外人程某名下。2015年3

月，孙某晶与程某楠登记结婚。2015 年 6 月，程某将该房屋的三分之一权利份额转移至程某楠、王某名下，变更后该房屋为程谋楠、王某按份共有，每人各占 50% 的权利份额。2018 年 12 月，孙某晶与程某楠经法院判决离婚，但法院对该房屋未做处理。孙某晶诉至法院，要求认定该赠与为对夫妻双方的赠与。

法院认为：争议焦点主要在于案外人程某在孙某晶与程某楠夫妻关系存续期间赠与程某楠的权利份额是否属于夫妻共同财产。虽然根据法律规定，夫妻在婚姻关系存续期间赠与所得的财产属于夫妻共同财产，但法律同时规定了但书条款[①]，即有证据证明明确赠与个人的除外。

这个案例中，法院认为程某的赠与应认定为对程某楠的个人赠与，主要理由如下：首先，权利份额的增减不会导致权利性质的变化，而被告程某楠在讼争房屋中的原有份额属于其婚前财产，故即使该份额增加也应属于其个人财产；其次，参照"婚后由一方父母出资为子女购买不动产"的相关法律规定，可知在父母赠与子女房屋情况下，外在的房屋登记形式可以推定内在的赠与意思表示，故根据该立法精神，程某在赠与财产时并未将原告孙某晶列为产权人，应可推知系对被告程某楠的个人赠与。

实践中，其实还有很多父母会将自己名下的房产直接过户给子女，但在没有特意签订赠与协议的情况下，该财产究竟是对子女夫妻双方的赠与还是对子女一方的赠与，也可能如这个案例所示产生争议。这个案例中的房产之所以被认定是父母对子女一人的赠与，是因为在该案中，父母直接将该财产登记在子女一人的名下，而根据当时生效的《最高人

[①] 但书条款，又称但书，是对前文所作规定的转折、例外、限制、补充或附加条件的文字，属于法律条文中的一种特定句式。

民法院关于适用〈中华人民共和国婚姻法〉若干问题的解释（三）》（现已失效）的相关规定所体现出的立法精神，以及法院主流裁判思路来看，该房产也应当认定为是子女一方的个人财产。

但随着《民法典》的出台，父母如果没有明确约定该房屋只是赠与子女个人的，将被视为赠与子女夫妻的共同财产。因此，未来父母如果要赠与子女房产，不能再简单地将房产登记在子女一方的名下，而应同时签订相应的单方赠与协议，写明过户的房产是对子女个人的赠与。

三、律师建议

回到本节开头的案例，王先生的父母其实并非多虑，实践中存在大量因为未事先安排妥当，最终父母出资购买的房产变成夫妻共同财产的情况。

针对此类风险，笔者提出如下建议。

1. 父母子女之间就购房款签订赠与协议

根据《民法典》的规定，有明确约定的父母对于子女一方的赠与，属于子女婚后的个人财产。因此，笔者建议父母在将资金赠与子女购房时，最好同时签订一份赠与协议并进行公证，且在该协议中申明该赠与只是对子女的个人赠与，与其配偶无关。同时，为了保障资金来源的稳定性和独立性，笔者建议子女在购房时不要再对购房款进行额外添附，就只用父母赠与的款项来购买房产，避免与夫妻共同财产混同。

2. 借给子女购房款的，应完善借款手续

笔者在上述案例中已经说明，父母出资给子女购房，如果子女离婚时父母主张购房款是借款，这一主张并不能对抗子女夫妻双方对房产的共有权。所以，主张购房款为借款是无奈之举，最好的做法是在资助子

女购房时事先做多重准备。如上述案例中的王甲之所以能够胜诉，关键证据就是在转账时备注了"借款"的转账用途。如果他没有这个证据，而是在儿子发生婚变时自己再补欠款借据，可能就无法让法官确信这是真实的借贷关系。所以，借款手续在出资时就要办好，避免最后主张借款时得不到法院的支持，导致父母出资被认定为赠与，那房子和钱就都拿不回来了。

当然，谁也不愿意走到一家人对簿公堂的地步，但是如果不懂法律，就容易在事后陷入被动。多了解一点与婚姻相关的法律知识非常重要，毕竟父母一生的心血值得我们去保护。

第四节 境外置业的雷区——辛苦奋斗，国外买房，一朝离婚难分割

对很多有钱人来说，国内的房子买够了，他们还会将眼光投到境外的热点城市，继续置业。但是房子买多了，就会留下问题：如果夫妻离婚了，全球多套房产该如何分割？是在中国法院起诉一次性分割完毕，还是到各个国家挨个儿进行境外离婚诉讼？

境外买房，离婚时却难以分割，已经成为越来越多的高净值人士遇到的麻烦事。笔者曾接到过这样一个咨询：

杨女士和沈先生于2001年结婚。婚后，两人度过了一段很甜蜜的时光，2002年生下了一个可爱的男孩。杨女士属于事业型女性，生完孩子后在职场上不断奋斗，后来又抓住机会辞职创业，事业越做越大，家里的财富基本上都是她一手创造的。沈先生从小家境优渥，没有什么太大的追求，结婚后主要寄情于旅游、摄影，和三两好友谈天说地。儿子打算15岁时去美国读书，杨女士就带着儿子对美国的学校考察了一圈，顺便以自己的名义在美国波士顿买了两

套房子，打算将来作为儿子在美国留学、就业之用。随着儿子长大，夫妻二人的交集越来越少，彼此都无法理解对方的人生态度，最终人到中年，两人的婚姻也走向了终点。但是，由于两人对财产分割无法达成一致意见，杨女士只好诉诸法律，起诉离婚并分割夫妻共同财产——其中最麻烦的就是境外的两套房产的分割。

一、中国夫妻境外买房，离婚官司变成涉外诉讼

根据《最高人民法院关于适用〈中华人民共和国涉外民事关系法律适用法〉若干问题的解释（一）》（以下简称《涉外适用法司法解释（一）》）第一条的规定，认定"涉外民事关系"包括民事关系的标的物在外国领域内的情形。也就是说，虽然杨女士和沈先生是中国国籍并且长期居住在中国，但是两套房子在境外，所以这两套房子的财产分割问题属于涉外民事关系，要根据《中华人民共和国涉外民事关系法律适用法》（以下简称《涉外适用法》）来确定适用中国还是美国实体法律进行判决。

根据《涉外适用法》第二十四条的规定："夫妻财产关系，当事人可以协议选择适用一方当事人经常居所地法律、国籍国法律或者主要财产所在地法律。当事人没有选择的，适用共同经常居所地法律；没有共同经常居所地的，适用共同国籍国法律。"

由于杨女士与丈夫沈先生经常居住在中国（根据国际私法上各国的准据法，一般"经常居住"标准优先于"国籍"标准），所以似乎这两套房子的分割应当适用中国实体法律，作为夫妻共同财产予以分割。本案的实际情况究竟如何，我们来继续分析。

二、中国法院有可能以国外财产无法查明为由，作出不予处理的裁决

在离婚诉讼中，要分割某个财产，需要对财产的真实性及是否属于夫妻共同财产进行举证。在这个案例中，沈先生知道美国房产的存在，但是无法提供具体坐落、门牌号码，更无法提供权属证明。对于这个无法查明是否存在的房屋，中国法院不会浪费司法资源去调查。而且，即使沈先生能够提供房屋权属证明，根据《最高人民法院关于民事诉讼证据的若干规定》第十六条，在国外形成的证据要用于国内机构的，必须经过公证或者进行公证后再予以认证，形成于港澳台地区的，要履行相关的证明手续。所以，沈先生举证还有一个额外的难度，就是境外房屋权属证据在境外进行公证，中国法院才能采信。

如果沈先生提供的证据无法证明外国房产的存在或无法证明属于夫妻共同财产（包括出资来源等），则要承担不利的判决结果。具体参考案例如下：

案例
案号：（2014）浦民一（民）初字第 24750 号
审理法院：上海市浦东新区人民法院
案情简介：原告叶某起诉被告徐某某要求离婚，主张分割夫妻共同财产，由被告徐某某支付其一半折价款，本案中涉及美国房产一套。庭审中，法院调取了原、被告在调解离婚一案中提交的关于美国房产的外文材料复印件。

法院认为：原、被告就双方所称的美国房产未提供任何证据予以证明，也未根据相关的法律规定提供相应的翻译件，本院无法确定该外文

材料的内容及真实性，本案对原、被告所称的美国房产不作处理，如确有证据证明该美国房产确实存在，可由相关方根据相关的法律规定确定由何国法院管辖，另案诉讼解决。

可见，对于国内离婚诉请分割境外房产的案件来说，它的第一道关就是能否证明境外房产属于夫妻共同财产，包括证明所有权登记、出资来源等，法院有可能对于无法判断真伪的证据，作出"对国外的财产无法查明，不予处理"的裁决。如果是这样的话，双方要么搁置这个房产争议，要么去国外发起诉讼，成本高昂。而且在这个过程中，持有房产的一方有可能利用当地法律与中国法律不同的空间，趁机处置房产，转移房款。在我们代理的案件中，这种案例越来越多。

三、中国法院有可能以不动产适用所在国家法律为由，作出不予处理的裁决

杨女士和沈先生的离婚案之所以有涉外因素，就是因为双方在婚后购买了境外的房产。在各国涉及境外不动产离婚分割问题上，一般规定适用房屋所在国家的实体法律来判断是否属于夫妻共同财产。比如，我国《涉外适用法》第三十六条规定："不动产物权，应适用不动产所在地法律。"也就是说，虽然杨女士和沈先生夫妻双方都是中国人，居住在中国，离婚起诉也在中国法院，但是由于处理的是境外房产，所以应当根据美国法律来判断该房产是否属于夫妻共同财产，并按照美国法律予以分割。我们都知道，美国的法律分为联邦法律和州法律，又属于英美法系，法院审案具有援引先例的传统。让中国法官去判断适用联邦法律还是州法律，在浩如烟海的该国判例中去抽象审判该类案件的美国法律司法原则，是非常不现实的。所以，对于境外房产的分割请求，中国法院

有可能会以属于境外不动产、适用境外法律为由，作出不予处理的裁决。具体参考案例如下：

案例

案号：（2011）丽青温民初字第 15 号

审理法院：浙江省青田县人民法院

案情简介：原告程某某起诉被告邹某要求离婚。被告邹某在答辩中称，自己在意大利以 86000 欧元购买的住房系夫妻共同财产，目前价值为 100000 欧元，主张原告一次性补偿其 50000 欧元，房屋所有权归原告所有。

法院认为：对于被告邹某提供的房屋产权证据，法院认为其形成于国外，经过使领馆认证，形式、来源合法，法院予以认定。但是对于该房产的分割，法院认为，被告要求分割在意大利购置的房产，因诉争房产系国外不动产，根据《涉外适用法》第三十六条规定，不动产物权，应适用不动产所在地法律，故本案不予处理。

四、《涉外适用法》第二十四条与第三十六条的选择适用

分析以上案例可知，即使能够证明境外房产的真实性，中国法院一般也会以法律关系涉及境外不动产，无法查明境外法律为由不予处理。这种情况下，法院的着眼点是分割标的——境外房产，所以适用的法律依据是《涉外适用法》第三十六条的规定，即不动产物权，应适用不动产所在地法律。但是，如果法院的着眼点是法律关系的主体——在中国境内经常居住的离婚双方，有可能审判结果是不同的。具体参考案例如下：

案例

案号：（2013）佛中法民一终字第 576 号

审理法院：广东省佛山市中级人民法院

案情简介：2007 年 2 月 12 日，吴某锋作为购买人在澳门签订《买卖合约》，购买位于澳门的诉争房屋，并在此合约上记载其为已婚，妻子是刘某红。澳门物业登记局记录显示，涉案房屋于 2007 年 3 月 12 日登记，产权人为吴某锋。吴某锋与妻子刘某红于 2007 年 5 月 16 日登记结婚。现二人离婚，刘某红认为，根据澳门的法律规定，按照其购买方式，澳门房屋应为夫妻共同财产，所以她主张分割。

法院认为：本案一审法院根据《涉外适用法》第三十六条规定，认为不动产物权应适用不动产所在地法律，不予处理。而二审法院认为一审法院的法律适用错误，改判适用《涉外适用法》第二十四条的相关规定，认为对诉争房产的处理仍适用我国法律。最终法院通过对事实的认定，并依据我国法律规定，判定诉争房屋为刘某锋的婚前个人财产，不属于夫妻共同财产。

上述案例中，一审法院按照主流的做法对澳门的房产不予处理，留待当事人去协商解决或澳门法院起诉解决。二审法院则认为应当适用《涉外适用法》第二十四条："夫妻财产关系，当事人可以协议选择适用一方当事人经常居所地法律、国籍国法律或者主要财产所在地法律。当事人没有选择的，适用共同经常居所地法律；没有共同经常居所地的，适用共同国籍国法律。"吴某锋与刘某红的共同经常居所地是中国，所以应当适用中国法律，该房屋是男方在结婚前购得，女方无法证明自己实际有出资，因此该房屋属于男方的婚前个人财产，女方不得分割。

从上述分析来看，一审法院作出不予处理的判决，并没有实际解决双方的争议。如果二人到澳门法院起诉，男方有可能面临不同于内地法律的夫妻财产制度，受到不利的判决。所以，二审法院根据购房的时间与出资的实际情况，没有维持一审不予处理的判决，而是根据《涉外适用法》第二十四条（属于国际私法的冲突法规范）指向了中国的实体法律规定（属于国际私法的准据法规范）——当时的《婚姻法》规定，一方的婚前财产为夫妻一方的个人财产——通过平衡双方的利益，从而实现实体法律的公平。

五、即使中国法院作出判决，境外执行也是一个难题

如果中国与某一个国家并未缔结或共同参加关于相互承认和执行法院判决的国际条约，在不具有互惠关系的情况下，中国法院通常不予承认、执行相关外国法院判决，反之亦然。也就是说，类似杨女士与沈先生这种境外房产分割诉讼案，即使中国法院对于境外房产进行了分割判决，如果两个国家没有相互承认和执行法院判决的国际条约，那么该判决在国外被承认和被执行也是非常困难的。

越来越多的中国人在海外投资置产，导致国内判决必然会涉及国外资产的分割问题，无论是离婚、继承，还是债务人财产的执行。笔者团队代理了很多起涉外诉讼，发现由于中国和很多发达国家并没有相互承认和执行法院判决的双边条约，使得当事人即使在国内获得了境外房产分割的胜诉判决，而到国外去申请执行时也缺乏畅通渠道，具有不确定性。目前笔者团队已经成功代理了多起中国法院判决在加拿大的执行案件，但是其他国家尚未有更多的先例。

这也是国内法院对于夫妻双方在境外房产的离婚分割请求一般不做处理的原因，因为即使判决了，执行情况也不容乐观。所以，对于众多

在境外买房的夫妻来说，如果未来发生婚变，如何处理境外房产的分割问题，是很多家庭面临的尴尬问题与风险。作为代理了多起涉外婚姻家事的专业律师，笔者给出如下建议：

（1）对于境外房产的归属，建议预先做夫妻财产约定，明确约定财产的归属，以免婚变时由于涉外离婚案件适用法律的复杂性，导致分割结果不确定。

（2）如果不能在实体上约定归属，夫妻双方可以协商书面约定发生争议时适用哪一个国家的法律。对于夫妻财产的分割，一般国家允许当事人选择适用某一个国家的法律。当然，要和本案有基本的连接点。

（3）如果事先没有上述约定，建议离婚时尽量协商解决，避免一对中国夫妻的离婚诉讼案变成跨国案件，因为这样不仅耗时持久，费用高昂，结果也不确定。

（4）建议中国夫妻在做境外资产配置之初，就考虑是否利用离岸信托架构持有资产，提前预防离婚时的财产分割风险。

总之，对于在境外买房子的中国人来说，一定要先了解未来可能面临的风险，在海外置业的同时也要做好财富风险筹划，不要等到离婚时才发现自己不知不觉地埋下了难以排除的"雷"。

第五节　境外婚姻效力：拉斯维加斯一站式结婚，中国法律承认吗

在美国西部内华达州广袤无垠的沙漠戈壁中，有一个神奇的存在。它从黄沙中浮现，一眼望去竟然汇集了无数高楼大厦。走进去，宛若进入一个光怪陆离的梦境：纸醉金迷、一夜暴富或是一夜破产在这里不断上演。它就是"赌城"拉斯维加斯。当然，作为享誉全球的"结婚之城"，这里还有一夜成婚的"传奇"。据统计，世界各地每年有十几万对恋人在拉斯维加斯登记结婚，其中大部分是前去旅游的游客。在拉斯维加斯特有的浪漫氛围中，很多年轻人冲动地做出了结婚的决定。

著名美剧《老友记》的剧情中，就出现过男女主角在赌城"宿醉式结婚"的情节，而二人清醒后，办理离婚手续却颇费周章。电视剧情可以一笑而过，但现实生活中也确实有这样的例子——留学生斯特拉（Stella）和卢克（Luke）都是中国公民，两人在美国上大学时结识，并很快成为恋人。暑假时，他们一起去拉斯维加斯度假，但不知因为什么吵了起来要分手。令人啼笑皆非的是，最后为了证明深爱对方，两人赌气在拉斯维加斯登记结婚。度假变成蜜月，小两口回来后，也没有将这件

事告诉家人、朋友。过了两年，因感情褪色，两人想要分手，却不知道这个婚约有没有法律效力，他们到底是不是夫妻关系。

那么现实中，两个中国人在境外登记结婚，他们的婚姻在中国会被承认吗？我们从下面几个角度进行分析。

一、中国人在美国登记结婚，在中国被承认吗

根据《涉外适用法》第二十二条的规定："结婚手续，符合婚姻缔结地法律、一方当事人经常居所地法律或者国籍国法律的，均为有效。"根据《涉外适用法司法解释（一）》第九条的规定："一方当事人故意制造涉外民事关系的连结点，规避中华人民共和国法律、行政法规的强制性规定的，人民法院应认定为不发生适用外国法律的效力。"

因此，只要这两个中国人在国外结婚的手续符合当地婚姻登记的法定条件，且双方结婚不违反中国强制性、禁止性法律规定（如年龄限制、血缘限制、重婚等），他们的婚姻在国内就是有效婚姻。所以，在拉斯维加斯结婚，可不是只在拉斯维加斯有效，只要在当地合法办理了结婚登记，无论在美国哪个地方结婚，对于全美来说都是合法夫妻。同样，在境外合法登记的婚姻，在中国一般也是被承认的。

案例

案号：（2014）盘法民一初字第 157 号

审理法院：昆明市盘龙区人民法院

案情介绍：徐某某与吴某自小相识，双方通过自由恋爱于 1987 年 2 月 2 日在昆明市盘龙区民政局登记结婚，婚后于 1990 年 8 月 27 日生育一女。2012 年，被告吴某在加拿大居留期间，与一名四川籍女子谢某

保持不正当关系并致其受孕，其后吴某与谢某前往美国内华达州拉斯维加斯，隐瞒其国内已有妻女的事实，于 2012 年 7 月 9 日注册登记结婚。2013 年 2 月，谢某产下一女婴。在此情形下，原告徐某某于 2013 年 3 月向盘龙区法院提起刑事自诉，要求追究被告吴某重婚罪的法律责任，盘龙法院以（2013）盘刑自初字第 13 号《刑事判决书》判决被告吴某犯重婚罪，拘役一个月缓刑两个月执行。至此，原告对被告彻底失望，挽回家庭的幻想也全部破灭，于是提起离婚诉讼。

法院认为：根据《婚姻法》第四十六条[①]的规定："有下列情形之一，导致离婚的，无过错方有权请求损害赔偿：（一）重婚的；……"故根据双方财产的具体情况，生产、生活的实际需要，被告过错对原告造成损害的情节及损害后果，本着照顾女方的原则，酌情予以分割。

由上述案例可知，虽然吴某与谢某在拉斯维加斯登记结婚未经过公证及使馆认证，但这并不影响国内法院审理时承认其国外婚姻的效力。

二、在境外结婚的夫妻办理结婚证认证手续

在境外登记结婚的夫妻，未来生儿育女、共同生活时往往需要出示结婚证以证明夫妻关系。这时候，使用外国结婚登记文件处处不方便。考虑到生活便捷等因素，笔者建议办理一个使馆认证。这样，外国结婚证就可以在中国顺畅地使用了。我们以美国登记结婚在中国获得认证为例来说明。

[①]《婚姻法》第四十六条对应《民法典》婚姻家庭编第一千零九十一条规定："有下列情形之一，导致离婚的，无过错方有权请求损害赔偿：（一）重婚；（二）与他人同居；（三）实施家庭暴力；（四）虐待、遗弃家庭成员；（五）有其他重大过错。"

美国结婚证使馆认证所需资料：

（1）美国结婚证扫描件；

（2）申请双方护照扫描件；

（3）公证认证申请表。

美国结婚证使馆认证办理步骤：

（1）把资料准备齐全委托当地的公证律师办理文件公证；

（2）把公证好的文件送往美国州务卿外交部办理认证；

（3）最后把文件送往中国驻美国使领馆办理领事认证。

（美国结婚证使馆认证办理时间通常是15个工作日，加急办理时间是7个工作日。）

公证认证是为了使一国的文件能在另一国顺利地使用，即使本国结婚证产生域外的法律效力。在中国大陆使用美国结婚证需要办理三级认证；在中国香港及澳门使用美国结婚证只需要办理海牙认证，海牙认证无须走办理步骤中的第（3）步。海牙认证需要依据该国具体的情况，把文件送往相关的机构办理手续，比如，中国香港办理海牙认证手续的主管机构是香港高等法院。

三、在境外结婚，孩子如何在中国上户口

婚姻生活，免不了要涉及生育下一代这个严肃而又幸福的问题。那么，在境外登记结婚，当事人是否考虑过以下两个问题呢？

第一，生育登记问题。只要有结婚证，无论是国外的，还是国内的，都可以办理生育登记。由于各地区有细微的差别，所以想要了解更多相

关内容的读者，可以登录自己所在地的计划生育委员会官网，了解办理准生证所需的材料。

第二，给孩子上户口问题。首先，当事人需要拿着结婚证的原件、复印件以及中文翻译件，到户籍所在地的派出所去修改婚姻状况；其次，在孩子出生后，需要拿着结婚证的原件、复印件、中文翻译件以及给孩子上户口的其他材料，去办理孩子的户口。

四、在境外结婚的夫妻，在中国可以协议离婚吗

根据《婚姻登记条例》第十二条的规定："办理离婚登记的当事人有下列情形之一的，婚姻登记机关不予受理：……（三）其结婚登记不是在中国内地办理的。"也就是说，我国一般承认境外婚姻登记的效力，但当事人想要在境内离婚，协议离婚是走不通的，必须在中国法院起诉离婚，哪怕双方是和平分手。所以，对于在境外结婚的中国人来说，可能会面临浪漫结婚、糟心分手的局面。

如果您的生活中心在中国，建议您还是在中国登记结婚吧，可以省去很多文牍手续的烦恼。

第四章
财富工具

第四章　财富工具

第一节　财富传承的顶层设计，需要传统型与创新型的工具相结合

做传承方案规划，仅凭一个工具是无法解决所有问题的。这是一个系统工程，需要我们运用不同的工具来做整体规划，从而实现几代人的财富传承愿望。

笔者曾为许多高净值家庭提供过私人财富的法律服务。从中，我发现了一个有趣的现象——现在的客户，已经不仅仅是委托我们代理继承、婚姻等诉讼案件，而是希望我们帮忙做顶层设计，制定一套能够一揽子解决所有风险的传承方案。

一、家族财富传承的几个维度

面对客户的厚望，我们往往会先帮助客户梳理和思考几个维度的问题。

（一）生前传承 VS 身后传承

财富传承可以分为两个阶段：生前传承和身后传承。生前传承的好

处是可以精确地实现定向传承；无须考虑遗产税（但有可能会涉及赠与税）；在子女婚前赠与财产，还可以有效规避因子女婚变导致的财富风险。但是，生前传承也存在一定的弊端。比如，赠与之后就很难撤销；子女年纪轻轻就拥有巨额财富，有可能因为管理不善或者肆意挥霍造成财富损失；等等。所以，哪些财产在生前过户，哪些财产留待身后传承，或者通过创新型工具实现两个阶段的跨越及风险防范，需要客户认真考虑，统筹安排。

（二）婚前传承 VS 婚后传承

子女结婚后，很多客户就会面临传承与子女婚变交织在一起的风险。因为《民法典》婚姻家庭编规定，夫妻在婚姻关系存续期间继承或者受赠的财产，归夫妻共同所有。因此，很多客户向我们咨询，是不是在子女结婚前把财产给他们比较安全？按照法律的规定，婚前的个人财产在婚后除非有法定特殊事由，否则还是个人财产。所以，婚前父母赠与子女财产，不失为一种财富传承方案。

不过，很多客户有一个法律认知盲区：如果在子女结婚前赠与其股权、房屋，那么子女结婚后的股权分红、房屋的租金是否还是个人财产呢？《民法典》婚姻家庭编规定，夫妻在婚姻关系存续期间所得的生产、经营、投资的收益，归夫妻共同所有。子女婚前受赠的股权、房屋在婚后的分红和租金都属于投资收益所得，会被认定为夫妻共同财产。也就是说，婚前赠与，并不能完全隔离婚变风险。

婚后传承的风险就更高了。无论是父母在世时赠与的财产，还是父母百年之后留下的遗产，如果不主动筹划安排，通通会变为夫妻共同财产。

（三）法定继承 VS 遗嘱继承

很多高净值人士并没有意识到身后传承的风险。身后传承，比较常见的是法定继承和遗嘱继承，其中法定继承的风险更大。看看笔者亲自代理的案子，您就明白了。

小玫是父母的独生女，3岁时妈妈不在了，父亲一人把她养大。小玫结婚后，父亲用多年积蓄买了一套新房子，打算安享晚年，没想到住进去没多久就查出重病，很快就去世了。父亲去世前和小玫说，这套房子全部留给她。可当小玫在半年后去办理这套房产的过户手续，要求房屋登记部门将房产过户给她一人时，却被拒绝了。为什么呢？因为这套房屋的法定继承人不止她一个。小玫的爷爷奶奶同样可以继承这套房产，除非爷爷奶奶放弃继承权，否则，小玫只能获得房产的三分之一。如果小玫结婚了，这三分之一的房产就属于夫妻共同财产，婚变时还要进一步分割。这样小玫最后到手的份额只有这套房产的六分之一。而爷爷奶奶分走的份额，将来会被小玫的叔叔、姑姑继承，还有可能传给小玫的堂（表）兄弟姐妹。

这个案例充分揭示了埋在大部分中国人身边的一个"雷"——法定继承的风险。它意味着父母留下的财产可能要被家族的其他亲戚或者二代配偶分走。所以，遗嘱应该是每个家庭，尤其是高净值家庭的标准配置，不过遗嘱只能理论上解决法定继承不能按心愿分配的问题。实际上，每年都有大量遗嘱效力被起诉、裁判无效的判决。也就是说，遗嘱能否实现传承心愿，存在一定的不确定性。

（四）衣钵传承 VS 财富传承

对于企业家而言，自己一手创建的企业就像自己的孩子一样，他们往往希望子女能够传承衣钵，成为企业的接班人。但是，现实中越来越多的子女不愿意接班，想自己开辟一个新天地（比如，美的集团创始人何享健的儿子就没有接班，而是美的集团高管团队在何享健退任后管理公司），或者没有能力接班。所以，企业家要有开放的思维和胸怀。如果子女不接班，可以考虑通过股权激励的方式由高管团队继承衣钵、管理企业，子女只作为家族股东享有企业红利；或者干脆在合适的时机出售企业，转变财富形态，然后再传承给对家族产业没有兴趣的后代。

二、传承工具

无论什么样的顶层设计，都需要用工具来落地。笔者把常见的传承工具分为两类：传统型工具和创新型工具。

（一）传统型工具

1. 签署夫妻财产约定并配以补偿方案

根据我国法律规定，夫妻双方可以在婚前、婚后签署夫妻财产约定，约定婚后财产的归属，以预防家族财富在第二代婚变时遭遇分割风险。但需要注意的是，如果要顺利达成夫妻财产约定，往往需要给配偶相应的补偿方案。常见的补偿方案有：

（1）赠与配偶相应的财产，如现金、房产。但笔者不建议采取这种简单的方式，因为有可能对方在受赠后不久就提出离婚要求，导致财富损失。

（2）以子女的配偶为受益人，配置大额保险。由己方子女作为投保人，为子女的配偶配置大额保险，对方在婚后定期领取生存金（年金型寿险）。如果对方有过错，或者主动提出离婚，己方子女可以不交后期保费或者通过退保取回现金价值的方式来制约对方，保护家族财富。

（3）以子女的配偶为受益人，设立家族信托。由己方父母或子女作为委托人，子女的配偶作为唯一受益人，设立不可撤销信托，约定对方只要没有过错，在婚姻关系存续期间可以按照约定领取信托利益。还可以考虑随着婚姻年限不断提高分配的金额，平衡双方利益关系，激励对方签署夫妻财产约定，并在婚后维护稳定的婚姻关系。

2. 签署单向指定赠与协议并公证

如果未能签署夫妻财产约定，父母又要在子女婚后赠与财产，建议对标的比较大的财产，签署赠与协议。在赠与协议中写明赠与财产的信息，同时一定要明确约定，该赠与仅为对子女一个人的赠与，与其配偶无关。根据《民法典》婚姻家庭编第一千零六十三条的规定，遗嘱或者赠与合同中确定只归一方的财产，为夫妻一方的个人财产。所以，通过赠与协议中的单向指定的赠与表示，即使在子女婚后才赠与财产，这笔受赠财产也是属于子女个人的，出现婚变时不会被分割。

虽然赠与协议签署即生效，但是笔者建议重要的资产赠与还是要进行公证。这样可以提高协议本身的效力，以免赠与协议的真实性被质疑。

3. 订立遗嘱，并确定单向指定传承条款

按照我国法律相关规定，婚后继承的财产属于夫妻共同财产，所以建议父母一辈要早立遗嘱，在遗嘱中明确表示所有留给子女的遗产，都是其个人财产。通过这样的安排，将来子女根据遗嘱继承的财产，均为个人财产，不会因婚变而被分割。

（二）创新型工具

1. 人寿保险的传承功能

近年来，人寿保险颇受高净值人士关注，因为它满足了高净值人士传承家族财富、预防传承风险的需求。目前，国内的人寿保险主要分为年金险和终身寿险。

就拿终身寿险来说，我们还是以上文中的案例来分析。假如小玫的父亲在生前自己做投保人和被保险人，以小玫为身故受益人，投保终身寿险，那么这张保单可以实现哪些传承功能呢？

（1）增加传承的财富

当小玫的父亲去世时，小玫作为保单的指定受益人，可以直接领取身故保险金。终身寿险的保险金与保费相比，可以做到2～4倍的放大，这是终身寿险的一个突出的优势，可以增加传承的财富。

（2）按心愿传承，避免法定继承的麻烦和烦琐的手续

小玫的父亲可以在保单中规定受益人的范围、顺序、比例，比如约定小玫占80%的受益份额，小玫的爷爷和奶奶各占10%的受益份额。通过受益人的约定条款，小玫的父亲能够按照自己的心愿实现传承安排。

（3）避免因子女婚变导致财富损失

根据最高人民法院《第八次全国法院民事商事审判工作会议（民事部分）纪要》的规定，夫妻一方作为受益人依据以死亡为给付条件的人寿保险合同获得的保险金，宜认定为个人财产。所以，小玫领取的身故保险金，是她的个人财产，即使在婚后获得，也不存在成为夫妻共同财产的风险。

（4）针对未来遗产税的筹划功能

很多客户担心中国将来开征遗产税会导致财富在传承的过程中缩水。

笔者建议大家现在就开始筹划，比如将货币资产转化为人寿保险资产。将来子女作为受益人获得的保险金，从法理上说，属于其个人财产，不属于遗产，不涉及遗产税，能够较大概率地合理规避遗产税。

2. 家族信托的传承功能

家族信托在国外已经非常成熟，是高净值家庭非常常见的传承工具。上述关于人寿保险的传承功能，家族信托也都具备。与保险相比，家族信托的突出优势如下：

（1）灵活的受益人支付条件

由于保险是标准化合同，因此受益人领取保险金的规定也都是相对格式化的。但是，信托条款可以个性化定制，可以灵活地约定受益人领取信托利益的条款。委托人可以通过制定家族信托的个性化分配条款，来达到对后人的激励与约束的目的。比如，通过规定辍学、吸毒、赌博的受益人降低或取消受益权，来达到匡正家风的目的；通过规定30岁以内结婚的子女可以领取300万元的婚礼金，来激励子女及早完成终身大事。

（2）较强的债务隔离功能

《中华人民共和国信托法》（以下简称《信托法》）第十七条明确规定，除法定情形外，对信托财产不得强制执行。这就意味着，委托人设立信托后，信托财产就成为区别于其个人财产的独立财产，不会因为委托人的债务受到执行；同时，也不会因为信托公司的债务受到执行，因为信托财产不属于信托公司；再者，受益人如果有债务，可以通过通知受托人暂停分配信托利益或者干脆放弃受益权的方式，来避免自己的债务牵连到信托财产。所以，家族信托可以隔离委托人、受托人、受益人的债务，有较强的风险隔离功能。家族信托的风险隔离功能见下图。

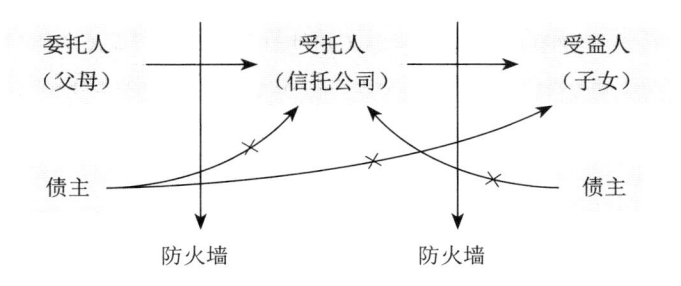

```
委托人          受托人          受益人
(父母)   →    (信托公司)  →   (子女)
                ↗        ↖
        ×              ×
      债主                      债主
        ↓              ↓
      防火墙           防火墙
```

家族信托的风险隔离功能

笔者介绍了中国私人财富领域目前常用的传统型和创新型的传承工具。遗嘱、单向指定赠与协议、保险和信托，已经成为高净值家庭常见的传承工具。我们不能说这些工具哪一种更好，需要根据各个家庭不同的情况来选择。一份完善的财富传承规划方案，不可能只使用一种工具。因为财富的传承是一个庞大的系统工程，多种工具灵活使用，才能更好地实现传承心愿。

第二节　设立家族信托后，信托财产能否被强制执行（上）

随着中国高净值人群规模的扩大，越来越多的企业家意识到家族财富保障与传承的重要性。这些企业家一般会采取设立信托的传承模式，利用信托财产具有独立性的制度优势，达到隔离财富风险与安全传承的目的。其中有一个问题，受到越来越多高净值人士的关注——信托究竟能不能在高净值人士面临债务危机时起到风险隔离的作用呢？或者说，是不是有债务风险就无法设立家族信托呢？

笔者曾接到过这样一个咨询：

高总经营多家企业。前些年，公司开发了几个房地产项目，进账不少，高总的个人财富也不断增加。2021年，高总考虑到自己年事已高，想要设立家族信托。但同时，公司不断有对外投资项目需要融资贷款，各家贷款银行都要求法定代表人高总及其妻子为公司提供连带担保。高总由此产生一个疑问：现在设立信托，若将来项目亏损，银行向担保人主张债权，那么已设立的信托财产会不会被强制执行？信托到底有没有隔离债务的作用？

上述案例非常具有代表性，其核心问题是"信托财产能否被强制执行"。笔者以现行法律规定为基础，检索了大量案例，以上、下两节内容为大家讲讲这个热点话题。

一、只有受托人取得的财产才是信托财产，委托人仍然占有的财产不具有隔离功能

在解决"信托财产能否被强制执行"这一问题前，我们首先来了解一个前提性的问题——什么样的财产属于信托财产？

《信托法》第二章规定了一系列设立信托的条件。其中，第七条第一款规定："设立信托，必须有确定的信托财产，并且该信托财产必须是委托人合法所有的财产。"也就是说，设立信托的条件之一是有确定的信托财产。

那么什么是信托财产呢？《信托法》第十四条第一款规定："受托人因承诺信托而取得的财产是信托财产。"信托关系建立在委托人和受托人之间，客体是财产或财产性权利。信托设立前，该财产是委托人合法所有的财产，尚不是信托财产，需要受托人依信托合同取得该财产，还需要信托满足其他设立条件，此时标的财产方从委托人的个人财产变为信托财产。所以，确定委托人财产是否已经成为信托财产进而具有债务隔离功能，取决于其是否满足以下两个条件：

（1）受托人已经取得该财产；

（2）信托已经满足其他设立条件。

而"取得"在法律上应该具备"财产交付"的特点。不动产及其他需要登记的财产（如股票）应做变更登记，不需要登记的财产（如现金）也要具备交付的特征——如从委托人占有变为受托人占有。

如果不满足以上条件，即使签署了信托合同，该财产也不属于信托财产，不具有信托财产的特点。而一旦满足以上条件，那么根据《信托法》第十五条的规定："信托财产与委托人未设立信托的其他财产相区别。"此时，信托财产就不再归属于委托人，并与委托人的其他财产相区别，这正是信托隔离功能的基本逻辑。所以，要想让家族财产具有信托财产的隔离功能，先要保证它满足成为信托财产的条件。我们看一个案例来帮助理解。

案例

案号：（2014）二中执异字第 00105 号

审理法院：北京市第二中级人民法院

案情简介：在北京中创科技大厦有限公司（简称中创科技）、金盛源记投资管理有限公司（简称金盛源记）与中建一局集团第二建筑有限公司（简称中建二公司）合同纠纷中，仲裁庭裁决由中创科技、金盛源记共同偿还其对中建二公司的欠款。中建二公司向法院申请冻结金盛源记在招商银行的存款。在执行过程中，金盛源记对此提出异议，理由为其与中诚信托有限责任公司（简称中诚信托）签订了《信托合同》，中建二公司申请法院冻结的上述存款系信托财产，不能予以强制执行。本案的焦点在于，金盛源记在招商银行的存款是否属于信托财产。

法院认为：根据中诚信托与金盛源记所签合同约定，该信托计划的信托专户为建设银行的账户，而法院冻结的账户为金盛源记在招商银行的账户，并非信托合同中约定的信托专户，故法院认为该财产并非存于信托专户，不是信托财产，属于金盛源记的固有财产。因此，对金盛源记异议理由予以驳回。

分析这个案例可知，虽然金盛源记与信托公司已经签署了信托合同，但是信托公司并没有"取得"财产,即该笔存款没有由金盛源记账户转入信托合同约定的托管专户,所以,即使双方已经签订了信托合同,该笔存款也没有成为信托财产,信托本身也就不成立。这个案例向我们说明了一个问题,如果您希望信托财产具有债务隔离功能,首先需要把这部分财产真正交付给信托公司,委托人自己不能再占有。

二、信托受托人一般为有资质的信托机构,应避免委托自然人为受托人

由于自然人本身条件受限,我国《信托法》虽然没有限制自然人担任受托人,但是一般信托的受托人都是有资质的信托机构。那么,如果当事人由于不了解法律,约定了由自然人担任受托人,是否能够设立信托呢?具体参考案例如下:

案例

案号:(2017)浙01民终4658号

审理法院:浙江省杭州市中级人民法院

案情简介:俞某钢与赵某平一致承认双方曾签订一份《股权代持协议书》,约定俞某钢委托赵某平以受托方的名义持有俞某钢对胜邦公司投资1000万元所占10%的股权。广厦建设集团是赵某平的债权人,向法院起诉要求赵某平偿还债务,并就赵某平持有的俞某钢股权进行财产保全申请,法院冻结了该股权。但俞某钢认为该股权是信托财产,不是股权代持。随后,俞某钢向广厦建设集团提起案外人执行异议之诉,请求法院判定俞某钢与赵某平签订的《股权代持协议书》属于信托合同,并解除对赵某平名下的胜邦公司10%的股权和其他投资权益的查封、冻结。

法院认为：第一，股权代持是指实际出资人与他人约定，以他人名义代实际出资人履行股东权利与义务的一种股权或股份处置方式。俞某钢与赵某平签订的《股权代持协议书》明确表示登记在赵某平名下的10%的胜邦公司股权是赵某平代俞某钢持有的，该协议书的相关内容符合股权代持的法律特征，而非《信托法》中所规定的信托合同，同时赵某平所代持的股权也不属于信托财产的范围，不是信托财产。第二，由于《信托法》中规定的信托有其明确的法律界定，作为信托的受托人必须以信托机构形式从事信托活动，并非在民事活动中民事主体所有的委托行为都是信托行为，只有符合《信托法》规定的信托行为才受《信托法》的保护。

这个案例争议的焦点有两个：第一，本案的法律关系到底是信托还是委托代持；第二，自然人能否担任信托受托人。

关于第一点，股权代持关系成立之后，在外部特征上股权所有权是代持人的，但是股权的收益权仍属于委托人，这与信托财产在设立后区别于委托人的个人财产，也区别于受托人的固有财产是冲突的，所以从法律关系上来看，不具备信托的特征。关于第二点，可以看出法官对于自然人是否是合格的受托人心存怀疑，对自然人担任信托受托人持不认可的态度。也就是说，即使本案涉及的合同不是《股权代持合同》，而是两个自然人之间的《信托合同》，是否能够得到法院支持也存在不确定性。

从这个案例可以看出，虽然中国香港等地区适用英美法系，允许委托自然人为信托受托人，中国内地法律也没有禁止，但要确保境内信托具有确定的效力，应当委托具有合法资质的信托机构而非自然人，并依照《信托法》依法设立。

三、设立信托时委托人的财务状况不影响信托财产的认定

许多企业家会把资金投入企业经营中,个人持有的净资产数额可能很少。如果客户在这种情况下设立信托,今后一旦发生债务风险,法院是否会以客户设立信托时的财务状况不佳为由,执行信托财产呢?笔者就该问题进行了以下研究。

1. 设立信托时委托人的财产状况不影响信托财产的债务隔离功能

信托建立的是一种合同关系。既然是合同,就有可能存在无效的情形。一旦信托被认定无效,也就没有所谓的信托财产,该财产仍然属于委托人,如果委托人有债务,当然可以被强制执行。那么,哪些情形会导致信托无效,起不到债务隔离作用呢?

《信托法》第十一条规定:"有下列情形之一的,信托无效:(一)信托目的违反法律、行政法规或者损害社会公共利益;(二)信托财产不能确定;(三)委托人以非法财产或者本法规定不得设立信托的财产设立信托;(四)专以诉讼或者讨债为目的设立信托;(五)受益人或者受益人范围不能确定;(六)法律、行政法规规定的其他情形。"

如果不存在以上情形,信托合同就是有效的。但是,如果委托人在信托设立后欠债了,法院会不会因为信托设立时委托人的财产状况而支持执行信托财产呢?回到本节开头的案例,倘若高总设立信托时,银行贷款尚未到期,他实际承担的担保责任尚不确定,那么,等到若干年后,担保责任确定了,法院能否支持撤销信托或强制执行信托财产呢?

根据笔者检索到的现有案例,法院在审查信托财产是否有效时,只要认定信托设立有效,相关财产就会被认定为信托财产,具有债务隔离功能。参考案例如下:

案例

案号：（2018）京 0107 执异 84 号

审理法院：北京市石景山区人民法院

案情简介：在高某与刘某、温某羊民间借贷纠纷一案中，法院判决刘某、温某羊偿还高某借款。之后，高某于 2018 年 6 月 5 日向执行庭申请查封刘某名下的基金账户，法院作出了予以冻结的裁定。现信诚达融公司提出高某冻结的账户为信诚达融公司私募投资 1 号基金的募集监督账户和托管账户，募集监督账户和托管账户内的资金均为基金财产。高某与刘某、温某羊合同纠纷为刘某、温某羊的个人债务，并非基金债务，因此，请求法院撤销冻结裁定。

法院认为：募集监督账户和托管账户内的资金均为基金财产。高某与刘某、温某羊合同纠纷为刘某、温某羊的个人债务，并非基金债务。同时，法院对于基金成立时委托人的个人财产是否足以设立基金，个人设立基金时的债务状况没有进行任何认定。最终法院只是对是否构成基金，是否可以强制执行进行判定，作出了撤销冻结募集监督账户和托管账户的裁定。

同理，笔者认为信托虽然是委托人出资设立的，但是信托成立之后，根据《信托法》的规定，信托财产（包括募集监督账户或托管账户中的资金）区别于委托人的个人财产，委托人的债务并非信托本身债务，信托财产不应被执行。

2. 设立信托时，委托人的资金来源不影响信托财产的认定

对于委托人设立信托的资金来源是否影响信托财产的问题，我们来看看下面的案例。

案例

案号：（2006）渝高法民初字第 14 号

审理法院：重庆市高级人民法院

案情简介：海南锦艺达和海南福地苑向中行海南分行借款，因与深圳新华锦源的业务关系，部分款项流转至深圳新华锦源。深圳新华锦源利用从中行海南分行借来的钱成立信托财产，后将信托受益权转让给北京海淀科技公司。之后，海南锦艺达和海南福地苑主张该信托资金来源于它们的公司，信托财产应归其所有，深圳新华锦源与北京海淀科技公司恶意串通，损害实际权利人的利益，主张撤销深圳新华锦源与北京海淀科技公司的《信托受益权转让合同》。

法院认为：海南锦艺达和海南福地苑向中行海南分行借款，部分款项流转至深圳新华锦源，与本案争议信托财产的归属没有关系，即信托财产来源不影响信托财产的认定。虽然本案的信托资金来源于借款，但是信托资金来源与信托财产的归属无关。因此，只要信托合同是有效的，信托资金来源或者委托人是否举债均与信托财产的认定无关。

综上，法院在审查信托财产能否成为某种债务的被执行财产时，只考虑以下三个方面的问题：

（1）信托合同本身的效力是否有瑕疵。如信托存在《信托法》第十一条规定的无效情形，归属于委托人的财产会因其债务被执行。但前提是，需要有生效裁判文书认定该信托无效。

（2）信托财产本身是否属于法定可被执行的情形。《信托法》第十七条规定："除因下列情形之一外，对信托财产不得强制执行：（一）设立信托前债权人已对该信托财产享有优先受偿的权利，并依法行使该权利的；（二）受托人处理信托事务所产生债务，债权人要求清偿该债务的；（三）信托财产本身应担负的税款；（四）法律规定的其他情形。对于违反前款规定而强制执行信托财产，委托人、受托人或者受益人有权向人民法院提出异议。"

（3）委托人设立信托是否损害债权人利益。《信托法》第十二条规定："委托人设立信托损害其债权人利益的，债权人有权申请人民法院撤销该信托。"根据"谁主张，谁举证"的原则，债权人需要举证证明委托人在设立信托时实质损害了他的债权。但是，这需要另外发起一个撤销信托诉讼。

所以，如果信托合同和信托财产本身没有任何可以被质疑的情形，法院一般不会考虑委托人的具体财务情况以及信托资金来源，依法成立的信托具有非常明显的债务隔离功能。

第三节　设立家族信托后，信托财产能否被强制执行（下）

在上一小节中，笔者分析了如何认定信托财产，以及信托财产为什么具有债务隔离功能的法理逻辑。本节笔者将继续探讨信托的债务隔离功能在司法实践中能否得到支持。

一、司法实践中，信托财产不可以被强制执行获得法院明确的支持

我们已经总结了信托财产的独立性可能会因为信托的瑕疵而受到三个方面的挑战：

（1）因违反《民法典》《信托法》等法律，信托合同被法院认定无效；

（2）信托虽然有效，但是信托财产属于《信托法》第十七条规定的可以被强制执行的财产；

（3）因委托人设立信托损害了债权人的利益，债权人诉请法院撤销信托。

如果不存在以上情形，那么信托的设立及效力不会因为委托人设立信托时的财务情况、信托资金来源（必须合法）而受到影响。

那么司法实践中，是否如《信托法》第十七条规定的那样，除特定情形外，信托财产不会因委托人的债务而被强制执行呢？

案例

案号：（2008）最高法执裁字第187号

审理法院：最高人民法院

案情简介：2007年3月15日，陕西高院在执行交通银行与必康制药、易融公司借款担保纠纷两案中，向中融信托送达协助执行通知书，要求协助执行易融公司在其处的信托资金及受益权。同年8月23日，向中国证券登记结算有限公司上海分公司送达了协助执行通知书，冻结了登记在中融信托名下、受益人为易融公司的中孚实业的股票400万股（以下简称标的股票），并将其中的78万股强制处置变现。因易融公司与般诺公司早已签订《信托受益权转让协议》，约定将信托合同的受益人变更为般诺公司，因此般诺公司以案外人的身份提起执行异议诉讼。

法院认为：本案的执行标的物中孚实业股票是登记在中融信托（受托人）名下的信托财产，《信托法》已经确认了信托财产的独立性，除该法第十七条规定的四种情形外，人民法院不得对信托财产强制执行。在本案中，易融公司与中融信托签订的《信托合同》合法有效，登记在中融信托名下、受益人为易融公司的标的股票应为信托财产，不能予以强制执行。因此，陕西高院和商洛中院强制执行标的股票错误，依法应予纠正。

这个案例涉及四个法律关系：

（1）交通银行与必康制药、易融公司借款担保纠纷。易融公司是债务人及被执行人。

（2）信托合同关系。中融信托是受托人，易融公司是委托人及受益人之一。

（3）信托受益权转让合同。转让人是易融公司，受让人是般诺公司。

（4）信托财产登记关系。中融信托是标的股票登记所有权人，中国证券登记结算有限公司是股票登记机构。

这个案例争议的焦点是：标的股票是否属于易融公司的财产，能否被执行。根据案情可知，标的股票登记在受托人名下，属于信托财产。那么标的股票到底在所有权上归属于谁呢？弄清楚这个问题背后的法律逻辑，非常有必要。

首先，信托财产不属于委托人，区别于委托人的其他财产。所以当委托人承担债务责任时，信托财产属于案外财产，不可以被执行。

其次，信托财产也不属于受托人。虽然本案中标的股票登记在信托公司名下，也只是使用信托公司的名义而已。根据《信托法》第十六条的规定："信托财产与属于受托人所有的财产相区别，不得归入受托人的固有财产或者成为固有财产的一部分。"所以，除非是受托人处理信托事务所产生的债务，否则不能执行信托财产。

最后，信托财产也不属于受益人。受益人根据信托受益权获得信托利益分配，在分配前不拥有对信托财产的所有权，而只拥有基于受益权的请求权。所以，这个案例中标的股票属于尚未分配的信托财产，没有分配，当然不属于受益人。无论债务人易融公司是否转让受益权，只要没有分配，就不属于受益人，故而标的股票作为信托财产因委托人/受益人的债务被执行是错误的。

由此可见，基于信托财产的独立性，在信托关系中，无论是设立信托的委托人、管理信托财产的受托人，还是接受分配的受益人，都不会因为自身的债务风险牵涉到信托财产的安全。这就是信托财产的债务隔离功能。当然，如果信托财产分配给受益人了，或者因为信托有瑕疵被退回给委托人了，那么就可能因为委托人、受益人的债务而被执行。因为此时该财产已经不再具有信托财产的属性，自然也就没有债务隔离功能。

二、债权人申请撤销被执行人设立的信托，需对债权受损承担举证责任

如上所述，如果信托是没有瑕疵的，那么信托财产的债务隔离功能就非常确定。但是，若债权人以信托的设立有瑕疵为由诉请撤销信托怎么办？信托财产的隔离功能会不会不堪一击？

《信托法》第十二条规定，委托人设立信托损害其债权人利益的，债权人有权申请人民法院撤销该信托。申请撤销信托的权利，自债权人知道或者应当知道撤销原因之日起一年内不行使的，归于消灭。这时，债权人需要在执行程序之外，另外发起一个撤销信托诉讼。也就是说，债权人要想请法院执行债务人已设立信托的财产，还要打另外一场官司——撤销信托。

如果债权人认为委托人（债务人）通过设立信托的方式来规避债务，请求撤销信托，进而否定信托财产的独立性，根据民事诉讼"谁主张，谁举证"的原则，法院会分配债权人承担举证责任，即债权人需要对委托人设立信托损害了其利益进行举证。但是，在现实中，由于债权人对债务人的财产信息不清楚，或很难证明债务人的主观恶意或损害债权程度，往往会承担举证不利的风险，无法证明被执行人因设立信托而损害债权的程度，也就无法获得法院的支持——撤销信托，进而返还委托人

的财产。

所以,信托一旦设立,要想撤销,债权人须提出有力的证据,证明该信托设立损害其债权。

三、信托受益权和已分配的信托利益不同,后者可被强制执行,前者可以灵活实现债务隔离功能

在家族信托中,信托法律关系的必要的当事人包括委托人、受托人、受益人。除了这些当事人,信托架构的安排还会根据实际情况,设立信托的保护人、法律顾问、税务顾问、财务顾问等。如果信托财产是资金,还会由受托人和银行签署托管协议,在银行开立专户进行资金托管。

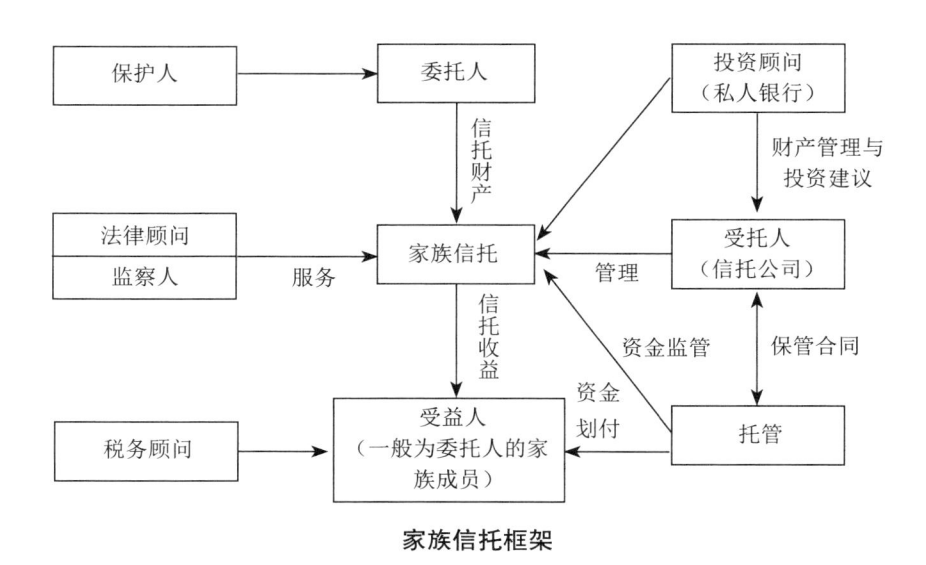

家族信托框架

在家族信托中,受益人一般是委托人的家族成员,不过委托人也可以作为受益人之一。那么,如果委托人本身也是受益人之一,当委托人发生债务危机时,法院能否直接强制执行他的信托受益权或已获分配的

财产？是否影响其他信托受益人的信托利益分配？

针对上述问题，笔者分析大量案例后发现：当委托人同时也是受益人之一时，已分配的信托利益因为不再是信托财产，而属于个人财产，可以被强制执行，其他受益人的已分配信托利益不受任何影响。同时，信托受益权可以被限制，但不应被强制执行。参考案例如下：

案例

案号：（2017）赣 03 执复 5 号

审理法院：江西省萍乡市中级人民法院

案情简介：在肖某诉付某文民间借贷纠纷案件中，法院判决付某文偿还肖某借款。之后，肖某向法院申请了强制执行。法院根据肖某的申请，向农行萍乡分行营业部送达协助执行通知书，冻结付某文投资在中江国际信托公司设立的中江国际·金象 228 号萍乡市安源区民生工程集合资金信托计划的 50 万元（托管银行为农行萍乡分行）及其收益，冻结期限为三年。农行萍乡分行认为其不应承担协助执行义务，安源区法院不应冻结付某文的信托财产。之后，农行萍乡分行以案外人身份向人民法院提起执行异议之诉。

法院认为：本案经过两级法院裁定，萍乡市中级人民法院认定：第一，付某文设立的信托合法有效，其投入信托计划的 50 万元应属于信托财产，根据《信托法》的规定，不予以强制执行，安源区法院不应对信托财产进行冻结。第二，付某文作为信托受益人之一，信托计划产生的收益已分配至付某文在农行萍乡分行的个人账户，该财产不再是信托财产，而是个人财产。这表明农行萍乡分行在该财产返还至其内部账户时，能够对其予以实际控制。但是，不能冻结其他受益人的信托收益。因此，农行萍乡分行应当协助安源区法院将付某文的信托收益冻结在其内部账户上。

本案中涉诉的 50 万元财产确属信托财产，根据《信托法》的规定，不予以强制执行，这里无须赘述。但需要注意以下两点：

（1）涉案的 50 万元成为信托财产后，其并入其他信托财产后产生的收益到底是谁的？笔者认为，这笔收益没分配之前属于信托财产，分配后属于受益人的个人财产，可以被执行。

（2）信托收益分配到银行托管专户，尚未分配到受益人的个人账户，这时能否被执行？根据上述法院判决观点，这时专户中的已分配收益不再属于信托财产，但是这笔信托收益既有被执行人的，也有其他受益人的，其他受益人对于被执行人的债务没有连带责任，不能把所有收益都冻结，而应区分被执行人受益权对应的份额，只能执行其受益份额对应的金额。即使该收益全部来自涉案的 50 万元，也应如此。

对于已经分配的信托利益，属于受益人的个人财产，和其他个人财产一样，都可以被执行。但是，对于没有分配的、还处于可期待的受益权的，可以进行规划，实现受益人一端的债务隔离功能。

1. 不同受益人之间的债务隔离功能

在委托人为受益人之一的情况下，该委托人的个人账户收到的或者银行专户已经收到的对应收益可以被冻结、被强制执行，但是其他受益人的信托利益不应被强制执行。也就是说，初始信托财产虽然都是委托人一人出资，但是，即便设立信托后委托人/受益人有债务风险，与其他受益人之间也不会有风险传递，这部分信托财产具有债务隔离功能。

需要说明的是，笔者认为法院执行的只能是受益人基于受益权被分配的财产，而不是受益人本身的受益权。因为在家族信托中，受益权具有较强的身份特点（如属于家族成员），法院不宜强制执行债务人名下的信托受益权（包括强制变更受益人）。

2. 受益人可以行使暂不分配请求权

现实中，信托合同中往往赋予受益人一项权利：当受益人有债务风险时，可以向受托人请求暂停分配信托利益或放弃分配。因为只要不分配信托利益，其仍然是信托财产，就不会被执行。不过，将来法院在司法审判中是否会支持击穿受益人暂不分配条款，来倾向于保护债权人的债权受偿，很难预测。

3. 委托人有权变更受益人来隔离受益人债务

受益人在信托中是单纯受益而不承担义务的，委托人可以随时变更受益人的范围及受益比例、条件、顺序。如果某个受益人的债务风险较高，还有一种更为稳妥的隔离债务方式，就是通过修改信托合同取消受益人的受益权，彻底隔离受益人的信托利益被分配后被执行的风险。

笔者通过这两个小节的内容，为大家具体分析了信托财产的认定、信托财产所有权的独立性、委托人举债情况是否影响信托效力、信托被撤销的严格的举证责任、信托受益权与强制执行几个方面的内容，想必大家对"信托财产能否被强制执行"这一问题有了更深刻的认识。下面我再做一个简要的总结：

（1）委托人的财产只有完成"交付"，即交给受托人，才能转化为信托财产，才能具有信托财产的债务隔离功能。资金的交付表现为划付给信托合同指定的信托专户；股权、房产的"交付"，表现为过户登记到受托人的名下。

（2）信托的效力不会因设立信托时委托人的财产、举债状况受到影响，除非债权人能够证明该设立行为为损害其债权。

（3）信托设立后，信托财产具有独立性，除非法律另有规定，否则不会因委托人、受托人、受益人的债务而被法院执行。

（4）信托设立后，债权人主张信托无效或撤销的，需要承担举证责任。信托若被认定为无效或被撤销，信托财产就不具备独立性，如果返还给委托人（债务人），就可以被执行。

（5）如果委托人同时也是受益人之一，其受分配的信托利益可以被执行；其受益权可以被限制但是不应被执行；其他受益人的被分配的财产不应被执行。

第四章　财富工具

第四节　家族宪章的功能与运用——从家族宪章入手规划家族传承

2023年8月31日，招商银行联手贝恩公司发布了《2023中国私人财富报告》。该报告显示，截至2022年，中国个人可投资资产在1000万元人民币以上的高净值人群数量达到316万人，全国个人持有的可投资资产总规模达到101万亿元人民币。该报告还显示，财富保障与传承成为越来越多高净值人士的关注点。

在共同申报准则（Common Reporting Standard，CRS）及金税四期[①]等一系列政策出台的背景下，高净值人士的资产及投资变得越来越透明。他们已经意识到老一套的财富管理思路已经不再适应时代的发展，并逐渐意识到家族财富传承的重要性，意识到家族财富不仅仅是简单的、代表更多金钱的数字，而是人力资本、社会资本、有形资本及家族资本四

---

① 金税四期：第四期国家金税工程计划，金税工程是经国务院批准的国家级电子政务工程，是税收管理信息系统工程的总称。金税四期是对第三期的改进与完善，它最大的特点就是较为完善的企业信息联网核查系统，该系统搭建网络通道，致力于促进人民银行、各部委以及相关机构之间与涉税业务相关的信息共享和查询，从而确保实现企业相关人员手机号、企业纳税状态及企业登记注册信息核查功能。

位一体的传承与保障。

具体而言,在人力资本层面,高净值人士想要通过对家族成员的教育培养和职业规划,使家族成员具有传承的使命感和创富的能力,能够顺利地将财富逐步向第二代、第三代进行分配。在社会资本层面,高净值人士更加注重家族声誉及家族慈善管理。在有形资本层面,高净值人士通常结合信托、保险等工具,使家族财富实现集中化管理,同时达到资产保护和债务隔离的效果。在家族资本层面,高净值人士一般采取家族治理、家族仪式等方式增强家族凝聚力,达到传承的目的。如果把富裕家族想象成一个虚拟的组织、一个企业,那么如何管理与运作好这"四大资本",是每个家族实现财富代代传承,家族精神永续的核心问题。

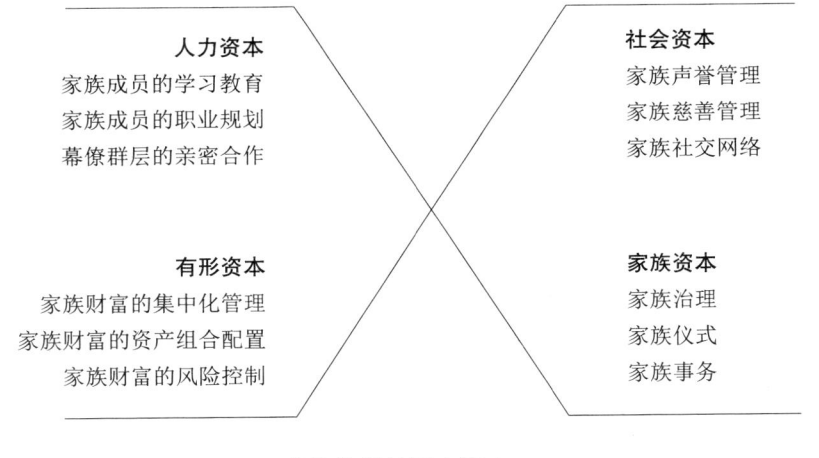

人力资本
家族成员的学习教育
家族成员的职业规划
幕僚群层的亲密合作

社会资本
家族声誉管理
家族慈善管理
家族社交网络

有形资本
家族财富的集中化管理
家族财富的资产组合配置
家族财富的风险控制

家族资本
家族治理
家族仪式
家族事务

家族传承的四大资本

这个问题的答案非常复杂,但是破题的题眼也许就是家族宪章。一个长盛不衰的家族需要家族的掌门人在每一个转折点都能带领家族找到方向、安全感和希望,而家族的掌门人更需要通过将家族宪章作为家族传承的总纲领,同时结合一系列家族治理工具,实现财富传承。下面,笔者从三个家族传承案例出发,探讨家族宪章与家族治理相结合的传承新思路。

一、三个家族的传承故事

家族企业的传承与繁荣绝非易事，高净值人士选择何种传承模式、运用何种传承工具、选择具备何种品质的第二代掌门人等，均是家族传承中应当首先考虑的问题。

（一）三个儿子都能干，该怎样传承

高氏家族拥有近 30 家企业，总资产约十几亿元。其中，2 家为有限责任公司，从事高端餐饮；15 家为健身馆；12 家为美容美发连锁店。上述所有企业均登记在高总及其三个儿子的名下，分别由三个儿子负责管理。现在高总年迈，想要进行家族财富传承，但因为三个儿子都很能干，高总一时不知道应该采用何种传承方式。

做家族传承规划方案时，笔者首先为高总梳理了他必须考虑的五个问题：

（1）如何平衡四家（第一代与第二代）的"小锅饭"与"大锅饭"？

（2）如何梳理和规范混乱的股权代持关系？

（3）如何完成企业股权所有权与管理权的传承？

（4）如何隔离第二代、第三代婚变带来的财富风险？

（5）如何系统地培养接班人？

之后，根据高总的需求，笔者梳理了其混乱的家族企业股权代持关系，对家族企业的股权进行了重新分配，同时制定了"高氏家族宪章"，在该宪章中明确了第二代掌门人控制权的确立原则，第二代与第三代控

制权和治理权的分配方案,并对后代的婚姻风险进行了把控,还规定了后代创业的激励计划。除此之外,笔者还将"高氏家族宪章"与其他家族传承工具相结合,最终完成了高总的家族传承规划。

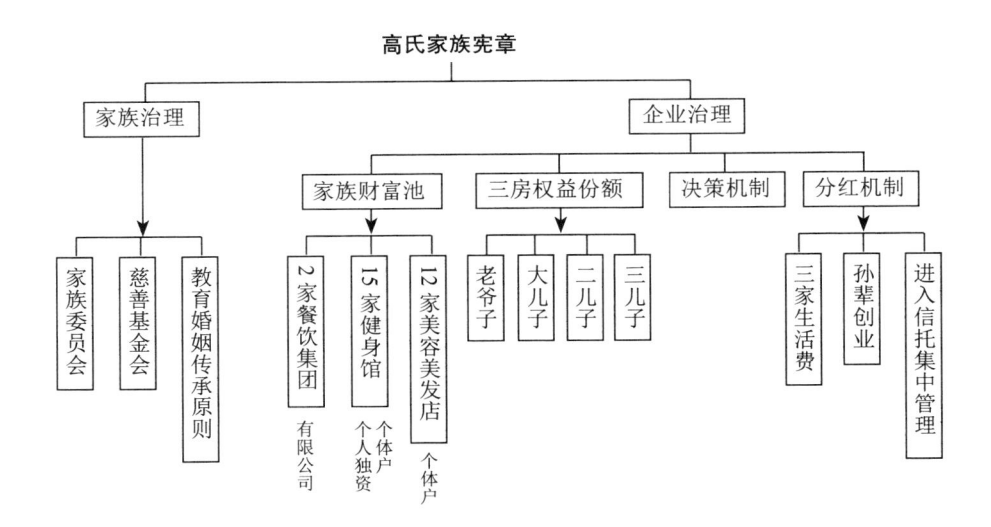

```
                           高氏家族宪章
        ┌──────────────────────┴──────────────────────┐
     家族治理                                      企业治理
        │              ┌──────────┬──────────┬──────────┐
        │          家族财富池   三房权益份额   决策机制   分红机制
   ┌────┼────┐    ┌────┼────┐  ┌──┬──┬──┬──┐       ┌────┼────┐
  家   慈   教   2    15   12  老  大  二  三       三   孙   进
  族   善   育   家   家   家  爷  儿  儿  儿       家   辈   入
  委   基   婚   餐   健   美  子  子  子  子       生   创   信
  员   金   姻   饮   身   容                       活   业   托
  会   会   传   集   馆   美                       费        集
            承   团        发                                 中
            原   有   个   店                                 管
            则   限   体   个                                 理
                 公   户   体
                 司   个   户
                     人
                     独
                     资
```

高氏家族宪章

委托人的需求可能很复杂,既包括股权的优化,又包括后代对家族文化的传承。对此,我们有时候需要对企业股权进行调整,有时候需要借助传统型传承工具——遗嘱、夫妻财产约定等达到传承的目的。因此,在进行家族传承时,应当根据委托人的不同需求及财富现状制定个性化的财富传承方案。

(二)女儿出嫁,无人接班怎么办

李总非常能干,凭着自己的实力开办工厂,后来其创办的企业在行业内成为龙头企业,积累了上亿元的资产。因李总只有两个女儿,且女儿们均不适合进入公司管理层,目前由李总小自己十几岁的亲弟弟在公司担任管理者。李总由于年事已高，产生了两方面的顾虑：一方面，李总担心自己百年之后弟弟控制公司，损害女儿们的利益；另一方面，李总又担心自己没有嫡系子孙，一手创办的家业无人传承，难逃"富不过三代"的魔咒，就此没落。

笔者在为李总设计传承方案时，充分考虑了李总传承财富及家族精神、铭记家族创始人的愿望，主要从公司控制权、家族财富传承及家族精神传承三个方面设计传承方案。

具体而言，在公司控制权方面，笔者建议李总聘用职业高管团队，设立高管激励机制，保护女儿的财富安全。在家族财富传承方面，笔者建议李总设立家族基金和慈善基金，并在基金中设立个性化的后代提取基金制度。这样不仅可以使家族财富保值、增值，还可以鼓励后代积极守业、创业。在家族精神传承方面，笔者建议李总制定家族宪章，明确家训、家风，向后代传承第一代掌门人的优良品质及奋斗精神，以达到传承目的。

（三）选亲，选贤？纠结难解

从改革开放初期，张总就进行创业，现在已经积累了几十亿元的财富。张总有三个孩子：大女儿早期与张总创业，现已移居海外；二女儿虽为家庭主妇，但是二女婿极其能干，负责管理公司；儿子能力一般，不适合担任管理人。现张总年事已高，因子女对家族企业的贡献各不相同，如何将家族财富进行传承？传给哪些人？如何平衡三个子女的内心需求？这些都是张总目前最大的困扰。

其实，家族传承过程中遇到的最大挑战除了上述问题，就是家族内斗。家人之间为了争夺财产或企业继承权，往往会六亲不认，甚至对簿公堂。因此，如果张总不能提出平衡各方利益的传承方案，企业和家族可能就会变得支离破碎。对于有先见之明的企业家来说，他们会聘请专业团队，运用遗嘱、家族宪章、家族信托以及人寿保险等工具来设计综合性的传承方案，以确保财富分配与传承的过程客观、公正。

二、家族宪章的基础——达成"三识"

通过以上三个案例，我们可以看出家族传承规划的共性是，如何平衡家族成员的利益，并针对不同家族，制定个性化、综合性的方案，以达到财富传承及精神传承的目的。那么，平衡家族成员利益的前提条件是什么呢？

笔者认为，只有家族成员在家族传承的通识、见识及共识这"三识"上达成统一，才能推进家族传承规划顺利进行。

（一）通识：家族成员对财富保障与传承风险及规划的通识构建

简单而言，在做家族传承之前，需要全体家族成员先了解什么是家族治理与传承，家族财富存在哪些常见的风险，有哪些传统型和创新型的工具可以进行规划，不同工具的结合能够达到什么样的效果。通识可以解决认知层面的问题。如果家族成员不具备通识，那么传承方案的设计就是"隔靴搔痒""雾里看花"。如果不能把传承方案说得明明白白，自然就达不到圆圆满满的传承效果。

所以，家族成员，尤其是掌门人、创始人，应当专门拿出时间和精力真正了解财富传承的相关基本知识，以构建决策判断的底层通识。

（二）见识：家族成员对财富保障与传承风险案例的直接与间接接触

通识解决的是认知层面的问题，而推进家族传承规划的根本动力，往往来自家族成员看到身边或公开报道的传承风险——无论是正面的还是负面的案例与资讯。这对于高净值人士而言，是将"重要的事情"转变为"紧急的事情"的导火线，是迫使其认真思考传承问题的外部影响力。

2020年，在新冠肺炎疫情的挑战下，中国高净值人士目睹或经历了很多财富与健康风险案例。这些打破岁月静好的"负面教训"，使富裕阶层更加敬畏风险，在家族财富传承规划上也变得更有执行力与紧迫感。

（三）共识：家族成员对于财富保障与传承方案启动的共识

家族财富治理与传承整体规划是一项系统工程，是对整个家族利益的梳理与调整。家族成员，包括第一代、第二代、血亲及姻亲。家族及关联人员是否对此有充分的认知及共识，决定着家族宪章的制定与执行是否能够得到支持。只有家族全体成员认可家族精神、家族文化，达成传承共识，才能推动整体规划顺利进行。否则，如果家族成员对此一无所知，不仅实现不了第一代与后代的财富传承，还可能影响家庭关系。

我们举个例子。家族第一代掌门人决定将家族控制权越过儿子直接传给孙子。如果儿子对掌门人的做法不理解，二人不能达成共识，儿子没有起到承上启下的作用，那么，一旦掌门人去世，家族宪章及治理体制就会形同虚设。因此，在推进家族传承项目的过程中，我们不仅需要第一代掌门人的支持，更需要第二代、第三代对于传承方案的认可与支持。

而家族宪章制定与执行的过程，可以很好地对家族成员进行财富通识教育，积累见识，促进家族成员达成共识。通过对家族宪章设立过程的层层剥离，整个家族的共识与具体方案的眉目将逐渐清晰起来，最终瓜熟蒂落，水到渠成。

三、家族宪章在家族治理与传承中的功能与作用

笔者服务的很多富裕家族，在设计传承方案时，一般会制定一个纲领性的家族宪章。家族宪章一般包括家风及家训、家族及企业治理体制、家族慈善、家庭教育、婚丧嫁娶等诸多方面的内容。当然，光有家族宪章是远远不够的，还要搭配使用很多法律工具，比如遗嘱、夫妻财产约定、赠与协议、公司章程、股东协议等，甚至包括家族信托。

（一）家族宪章在家族传承中的地位

家族传承主要分为经营性财富、非经营性财富及家族精神的传承。经营性财富传承，主要是指家族企业的传承，包括家族企业治理及传承机制设立等问题。非经营性财富传承，以传承房产、资金、保单、家族信托为目标。家族精神传承，目的是要子孙后代牢记家族优良的品质及家族创始人的奋斗史，让家族精神代代相传。

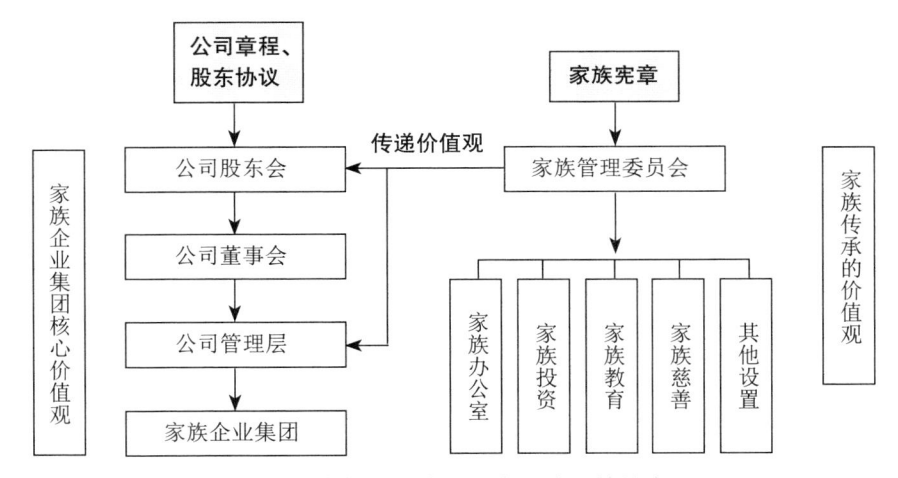

家族宪章与企业治理、家业治理的结合

如上图所述，要想实现以上三种财富的传承，就要分别制定管理机制，具体包括财富管理及传承机制、企业治理及传承机制、家族治理及传承机制。可以发现，没有任何一个法律文件可以同时包含上述三种财富的传承管理机制，此时，家族宪章就可以起作用了。

也就是说，高净值人士在进行家族传承时，往往先要制定家族宪章，在宪章中确立财富传承的核心目标与基本原则，明确经营性财富、非经营性财富及家族精神传承所对应的管理机制，比如设立家族基金、家族管理委员会等。然后，再由各种法律与金融工具作为配套附件，将宪章中的原则性条款落地，最终达到传承的目的。因此，家族宪章是家族传承方案的灵魂和总纲。

家族宪章就好像大厦的蓝图，是高净值人士进行家族传承整体规划时必须考虑的工具。有了家族宪章，才能统合三大财富治理机制，配合各种工具和法律文件进行具体落实，最终形成逻辑完整、统一的财富治理与传承系统，而不是碎片化的零散对策。

（二）家族宪章的具体作用

具体而言，家族宪章具有如下功能。

1. 为家族财富、家族精神的传承指明方向

家族宪章是家族传承的核心文件，是家族财富、家族精神传承的指南针。家族传承不仅仅是有形财富的延续，更重要的是无形财富的传递。只有后代保持了家族优良的价值观、原则以及传统，家族的辉煌才能延续。因此，家族传承需要以家族宪章为纲领，引领后代保持家族优良的品质，实现薪火相传。

2. 有利于促进家族治理

家族宪章有利于增进家族成员间的沟通，改善并增强家族关系，促进家族治理。家族宪章规定以家族会议的形式讨论重要事项,在家族掌门人的带领下,让家族成员参与到家族企业事务的讨论中来,可以增强成员间的信任感和家族整体的凝聚力,以共同应对家族传承和企业发展过程中的困难和挑战。

3. 有利于规范家族成员的行为

家族宪章通过制定家族成员行为准则,明确家族的家风、家训,规定家族的鼓励行为以及禁止行为,并制定相应的奖惩制度,使家族向有序、健康的方向发展。比如,家族宪章可以对家族后代创业进行规定,明确后代在创业时的具体权利与义务,包括创业资金的申请、给付,对创业项目的监督以及创业失败的处理。这样既有利于培养后代的创业能力和经营管理能力,也有利于控制家族风险,使家族避免因后代创业失败而陷入财务困境。家族宪章还可以通过额外奖励学习优异的家族后代,鼓励后代重视知识的积累。

4. 有利于实现财富传承

家族宪章可以为家族基金的设立提供系统性的规范指导,对家族基金的宗旨,资产组成、管理、分配以及资产配置等进行详细规定,使家族基金能够更好地服务于家族整体的财富传承目标。与此同时,家族宪章可以在其他事项,如家族信托、家族慈善等方面发挥规范和指导作用。

(三)家族无形资产的传承是家族宪章的核心内容

我们可以看到,一部分中国家族企业已经完成了初次传承。在这些案例中,不乏子承父业式的接班。这归功于第一代企业家在早期就对第二代接班人进行企业管理能力培养和家族精神教育。

对于中国的家族企业掌门人来说,子承父业是最理想的传承方式,但在交接班预备期,甚至在交接过程中,不乏遇到接班难题。很多第一代企业家没有对传承做总体规划，致使企业精神和理念等无形资产无法得到传承。事实上，家族传承不仅仅是有形财富的延续，更重要的是无形财富的传递，这已经成为高净值人士的共识。就这一点来说，家族宪章能够发挥独特的作用。在制定家族宪章时，也应该充分重视家族精神财富传承的核心地位。

四、家族宪章的基本框架

（一）家族宪章的内容

家族宪章包含以下几方面内容：

（1）序言。该部分往往包含家族创始人的奋斗史，追溯家族创始人的创富故事，以彰显家族精神，激励后人。

（2）家族成员组成。明确血亲、姻亲和拟制血亲人员范围，以及相应成员的权利与义务。

（3）家风及家训。通过规定家风、家训，并制定具体的奖惩手段，以达到树立与传承家族精神的目的。

（4）家族传承原则。包含对家族成员的奖励及惩罚机制，规定家族决策机制，比如设立家族委员会、掌门人一票否决等制度，以保障家族治理有序进行。在此部分，家族宪章还会对家族企业治理及家族管理机制进行细化规定。

（5）家族教育机制。对后代的教育及创业进行规定，鼓励后代努力学习知识，勇于开创事业。

（6）家族企业治理。对于家族企业的运营、管理、控制权的基本原则进行规定。当然，这些原则还需要通过公司章程、议事规则、组织管理制度来落地。

(7) 家族基金。针对家族企业利润分红及家族投资收益，很多家族企业会提出设立家族基金，作为家族成员婚姻、教育、医疗、创业、慈善事业的资金来源。家族宪章一般会规定基本的基金来源、运行管理、决策机制，但是具体管理细则需要通过附件来规定。

(8) 家族慈善事业。预留家族慈善基金，提升家族声誉。

(9) 其他个性化条款。

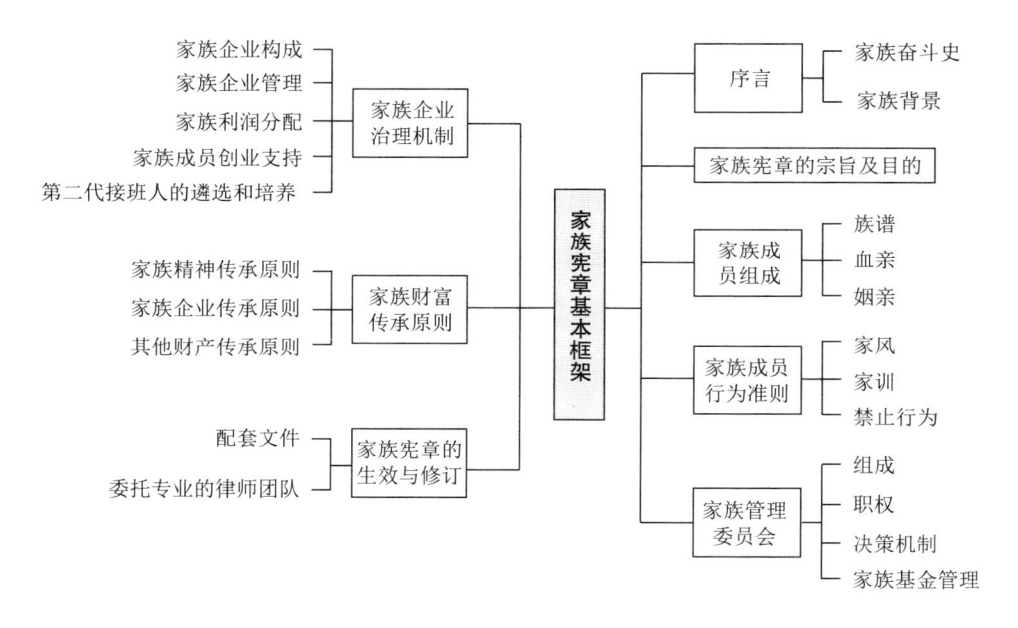

家族宪章基本框架

（二）制定家族宪章的流程

家族宪章的制定，一般包含以下四个环节。

1. 委托专业的律师团队

家族宪章属于家族财富传承领域的创新业务，近几年才开始在中国出现。对于家族企业而言，家族宪章是否合适，决定了传承方案是否能有的放矢。笔者建议家族掌门人应委托经验较为丰富的律师团队，协助起草家族宪章及配套法律文件。

2. 梳理家族财富及风险

家族财富在积累的过程中，往往存在资产代持、架构不清晰、登记混乱等历史问题。在制定家族宪章，确定三类财富的管理机制之前，建议委托律师进行财富现状与风险的调查，具体包括家族成员基本情况，资产种类，信托、保单情况，以及其他财务风险，最后形成书面尽职调查报告。在此基础上，笔者认为可以同家族成员进行座谈，让家族成员与财富顾问、律师达成共识，以便使传承项目顺利进行。

3. 拟定初步方案，起草家族宪章及配套法律文件

在律师团队配合之下，思考家族宪章的各项条款及传承方案的具体内容，理清传承目标与方式，最终拟定家族传承及治理的初步方案，完善、调整家族宪章和配套文件。

4. 举办签署仪式，工具落地

家族宪章和所有的配套文件都完成之后，建议举办由全体家族成员参加的家族宪章签署仪式，要求每个成员诵读家族宪章，签署宪章并承诺践行宪章内容。家族成员因参与了家族宪章的起草、制定、修改、签署各个环节，逐渐建立了家族共识。这样，在未来实施方案时，会更加顺利。

家族是古老的话题，而传承需要创新的模式，尤其是近几年中国实体经济环境对企业财富和个人财富都提出了挑战，需要中国的家族企业有吐故纳新、兼收并蓄的创新精神，有触底反弹、攻守兼备的勇气与智慧。在更多的社会力量和专业机构的关注与助力下，中国的财富传承之路一定会出现新的气象与新的格局。

第五节　如何协助家族做好慈善事业，完成家族精神传承

从前慢，财富可以慢慢积累，慢慢传承。而在当今时代，新的商业模式、新的技术手段层出不穷，资本市场风云变幻，今日的龙头产业可能很快就成了明日黄花。基于此，高净值人士对财富充满焦虑的同时，也对财富有了更深入的思考。

一、高净值人士精神财富传承的需求渐显

中国改革开放已有40多年。最初，人们对财富的思考是如何创造更多的有形财富，随着第一批财富创造者年事已高，他们开始考虑如何将财富传承下去。近些年，越来越多的高净值人士开始思考——如何理解财富，如何传承家族精神，如何帮助后代在风云变幻的世界守住最宝贵的家族财富。笔者曾服务过多个超高净值客户，从中发现，很多年长的客户放慢了追逐有形财富的脚步，开始系统地思考如何传承家族精神这一无形财富，具体表现如下。

（一）开始系统地培养第二代接班人，传承家族精神

家族创始人非常希望家族品牌以及自己的奋斗精神能够通过血脉代代相传，成为家族的宝贵财富。所以，越来越多的富人开始有意识、系统地培养家族接班人的精神品质。比如，对子女进行家族使命教育，从小对子女进行家族价值观的灌输，送子女参加各种第二代接班人培养、训练营。甚至很多企业家开始仿效国外家族，让子女从小了解家族企业运营，参加董事会、股东会，参加各种慈善项目运作与管理，塑造、强化、传承家族无形财富。

（二）开始着手制定家族宪章，奠定财富传承的基础

很多年长的客户已经开始着手安排财富传承的整体规划。笔者发现，中国第一代企业家拥有强烈的家国情怀和社会责任感。他们希望在传承有形财富的同时，告诉后人家族创始人是如何抓住时代脉搏创造财富的，后人应当继承、秉持什么样的家族精神……笔者团队曾和招商银行总行私人银行合作，首创了中国大陆第一部"家族宪法"——为某客户撰写了家族宪章。此后，我们又先后为20多个超高净值家族起草了家族宪章。

虽然家族宪章只是一个宣誓性文件，不具有法律上的约束力，但它承载了家族创始人对家族无形财富的总结，是全体家族成员的精神共识，能增强家族的内在凝聚力与精神传承。

（三）开始打造家族慈善事业，使其成为家族精神传承的组成部分

根据中信信托《高净值人群慈善行为问卷调查表》统计显示，在接受调查的高净值客户（资产量在1000万元以上的占96.7%）中，有41.2%的客户愿意拿出1%以上的家庭资产去做慈善事业。同时，有近

56.7%的客户有做慈善事业的需求或想法，这部分人中有家族企业的占30%左右。2021年7月20日，福布斯中国发布了2021中国慈善榜，上榜的100位企业家（企业）现金捐赠总额为245.1亿元。

中国高净值人士关注、投入慈善事业主要有三种形式，不同的形式体现了不同阶段高净值人士对慈善的不同理解。

1. 个人慈善捐款

我国社会捐赠最关注的三个领域是教育、医疗健康、扶贫与发展，很多高净值人士有着很强的社会责任感，在这些领域和其他领域进行了公益捐赠。胡润研究院发布的2023胡润慈善榜显示，中国"亿级慈善家"达34人，共计捐赠191亿元。

2. 成立家族慈善基金会

随着对慈善的理解不断深入，高净值人士不再满足于单纯的掏钱捐赠，而是希望参与、监督、管理整个慈善项目，以更好地实现做慈善的目的。随着《中华人民共和国慈善法》（以下简称《慈善法》）的出台，《基金会管理条例》的完善，富人阶层开始更深入地参与慈善事业。

这里根据公开信息整理了一些知名企业家主导的基金会：2004年，蒙牛乳业创始人牛根生建立了家族基金"老牛基金会"。为了资助该基金会，他在蒙牛上市后捐出了自己的全部股票和大部分股息。2011年，曹德旺家族宣布捐出持有的3亿股福耀玻璃股票成立"河仁慈善基金会"，成为全国第一个，也是唯一一个经由国务院审批、以金融资产创办的全国性非公募基金会。2014年，美的创始人何享健家族基金会成立。2017年，该基金会更名为"广东省和的慈善基金会"，慈善基金将用于精准扶贫、教育、双创、养老等多个领域。

3. 成立慈善信托

慈善信托属于公益信托，信托的目的为做好慈善事业。2016年9月

《慈善法》施行，该法专门有一个章节规定了新的慈善形式——慈善信托。2017年7月，原中国银行业监督管理委员会与民政部联合印发《慈善信托管理办法》，给予慈善信托一揽子优惠政策，鼓励这种慈善创新形式。2023年12月29日，第十四届全国人民代表大会常务委员会第七次会议通过了《关于修改〈中华人民共和国慈善法〉的决定》，进一步完善了对慈善信托的规制。

截至2024年7月9日，民政部开通的全国慈善信息公开平台公布了全国15068家慈善组织信息、1845件慈善信托备案信息，慈善信托财产规模超过73亿元人民币。

二、不同的慈善形式对家族精神传承的影响

（一）直接捐款难以体现家族精神的传承

直接捐款，尤其是直接捐款给效率低下、管理不透明的公益组织或慈善项目，容易使捐赠人产生不信任感或期待落空。而且这种方式是一捐了之，捐赠人对于善款的使用、捐助对象都没有话语权，也很难通过直接捐款的方式培养下一代对财富的理解与社会责任感。所以，这种慈善方式目前已经很难引起高净值人士的兴趣。小额的、零星的慈善，可以通过这种方式进行，但如果是家族慈善事业，应该通过更加系统、家族更有话语权的慈善形式进行。

（二）成立家族慈善基金会的传承价值

美国洛克菲勒家族是最早的现代慈善家族之一。1913年，老约翰·D.洛克菲勒创立洛克菲勒基金会。1940年，小约翰·洛克菲勒的五个儿子又共同创立洛克菲勒兄弟基金会。洛克菲勒基金会设立之后，慈

善成了洛克菲勒家族的核心价值观之一，赋予每一代洛克菲勒人以慈善基因，成为洛克菲勒家族世代相传的精神遗产及家族纽带。近年来，越来越多的家族已不再把慈善当作单纯的行善济贫，而是作为家族传承的组成部分。成立慈善基金会具有以下传承价值。

1. 促进家族价值观的形成与传承

财富传承包括物质与精神两个层面的传承。洛克菲勒家族至今已经传承六代，在美国极富影响力，家族慈善基金会功不可没。

2. 增加家族凝聚力、维系家族成员感情

家族慈善基金会需要家族成员积极用心地投入管理，成为团结家族成员、联络家庭感情、增加凝聚力的平台。

3. 有利于培养家族接班人

在欧美国家，家族慈善基金会往往是家族后代进入社会的第一个锻炼平台。通过参与基金会，后代可以学会团队合作、项目管理、预算控制、公共关系维护等，无形中培养了更有社会责任感和能力的家族接班人。

4. 提高家族品牌的社会声誉，有利于有形财富的传承

通过家族慈善基金会，后代积极参与慈善事业、打造家族慈善品牌，促进家族与社会、民众的良性互动，有利于家族企业的良性发展与传承。

成立慈善基金会有诸多好处，但是，由于注册一家慈善基金会，即使是非公募性质的，也要到民政部门备案，要有独立的财产、组织管理机构与人员，要制定章程、管理与分配基金，要受国家法律、政策监管。所以，成立慈善基金会，家族需要投入大量的财力与精力去管理，一般的家族是很难有这个实力和管理能力的。

（三）慈善信托的创新模式对传承的影响

为了满足家族既想投身慈善事业、主动管理，又无须投入过多精力

去管理的要求，慈善信托不啻为一种创新模式。目前，根据《慈善法》及《慈善信托管理办法》的规定，国内的慈善信托主要有以下模式可供选择。

序号	受托人	项目执行人	举例
模式一	由信托公司单独担任	慈善组织	紫金·厚德6号慈善信托计划
模式二	由信托公司和慈善组织共同担任	慈善组织	中信·北京市企业家环保基金会2016阿拉善SEE华软资本环保慈善信托
模式三	由慈善组织单独担任	慈善组织	"弘毅1号"——社区养老公益组织扶持慈善信托

这几种模式的主要区别在于受托人的身份。信托公司擅长资产管理，慈善机构擅长慈善项目运作。目前备案的慈善信托主要以信托公司担任受托人为主，此类信托一般由慈善组织担任慈善项目执行人，委托人、受托人、监察人组成信托管理委员会，形成对受托人的监督和制衡。

目前各家信托公司和有影响力的慈善组织都在积极地推进慈善信托。家族如果没有精力管理一个家族基金会，可以通过设立慈善信托来运作家族慈善项目。在项目中，可以派出家族成员参与项目的管理与运作，慢慢形成自己的家族慈善品牌。

三、如何帮助高净值客户把慈善融入传承方案并落地执行

作为私人财富专业律师或家族办公室团队，应当敏锐地感受到高端

客户对财富理念的变化,不断摸索如何帮助客户更加高效、低风险地做慈善事业及实现家族精神传承的目标。

(一)帮助客户确定家族慈善事业的运作方式

无论是确定捐赠对象、捐赠金额、捐赠方式,还是选择直接捐款、设立基金会、成立慈善信托,都需要律师团队或者家族办公室团队为家族拿出切实可行的方案,比较不同慈善运作方式的利弊,以帮助家族选择正确的慈善事业打开方式。

比较不同方案的利弊,主要从管理成本、慈善税收优惠、审批或者募集条件、项目运作难易程度等角度出发。这需要咨询专业的法律顾问。

(二)帮助客户筹划适用慈善优惠政策

对于慈善捐赠,根据《中华人民共和国企业所得税法》(以下简称《企业所得税法》)第九条的规定:"企业发生的公益性捐赠支出,在年度利润总额12%以内的部分,准予在计算应纳税所得额时扣除;超过年度利润总额12%的部分,准予结转以后三年内在计算应纳税所得额时扣除。"对于慈善信托,《慈善信托管理办法》给予信托公司开展慈善信托业务免计风险资本、免予认购信保基金、监管评级加分的特别优惠政策。对于非公募基金会,享受免税优惠的非公募基金会必须满足依法登记成立等条件,免税资格的获得也须得到财政、税务部门共同认定。达到标准、获得免税资格后,符合条件的非营利组织的收入免征企业所得税。

不管什么方式,税收优惠都是慈善事业做大的重要影响因素,所以家族律师或家族办公室团队应当协助家族筹划适用慈善优惠政策。

（三）帮助客户管理慈善项目

比如，家族律师可以担任慈善信托的监察人，帮助委托人监督受托人是否按照慈善目的勤勉管理、分配慈善资金、运作慈善项目。按照规定，非公募基金会每年用于从事章程规定的公益事业支出，不得低于上一年基金余额的8%，剩余的资产才可以用于投资。律师可以参与基金会慈善资金的投资管理的合规审查，以免产生合规风险。在慈善项目的其他环节，具有丰富慈善法经验的律师能够帮到客户，实现慈善管理目标。

（四）帮助客户将慈善方案与传承方案结合起来

近年来，不断出现企业家把股权捐给慈善基金会的报道。企业家捐赠股权的玄机何在？我们来看一下开捐赠股权先河的河仁慈善基金会。2018年3月31日的数据显示，上市公司福耀玻璃（股票代码：600660）不再显示创始人曹德旺的名字，而出现的赫然是家族基金会——河仁慈善基金会。原来，早在2011年，曹氏家族就捐出了其所持有的3亿股福耀玻璃股票，由家族持有变为基金会持有，分红也用于社会公益。

分析这个案例后我们得知，家族不再拥有上市公司股份、分红权，但是管理权还在家族手中。家族成员发生继承、离婚或任何其他情形的财产分割，不会影响上市公司的股份稳定，因为股权已经被转给基金会，通过基金会的方式稳定地集中持有并承载家族精神传承的目标——家族回报社会，福泽一方。这就解决了传承中的一个难题——法定继承人不断分散股权与第一代创始人希望企业股权集中、永续经营的矛盾。股份由家族持有变为基金会持有，后人不再有继承权，通过基金会章程的约束实现企业股权这一特殊财富的传承。

无独有偶，根据公开报道，2017年7月，海航集团的股权比例中，两家慈善基金会——Cihang Foundation（境外）、海南省慈航公益基金会（境内）分别持股29.5%、22.75%。两家基金会合计持股52.25%，剩余的股权由12名自然人股东持有，且均为集团创始人和高管。捐赠给海南省慈航公益基金会的20%股权来自7位主要创始人，将来还会有第二批、第三批等若干捐赠，直至使海航集团成为海南省慈航公益基金会这一慈善公益组织旗下的企业。

这就意味着海航集团将来的大股东不是高管团队，而是两家慈善基金会；高管团队股权捐赠后，不再是公司股东，将来无论死亡、离婚，还是其他情形，都不涉及海航集团股权比例的变化。同时，高管团队可以通过担任基金会理事或其他方式掌握基金会的话语权。实际上，海航集团的管理权仍掌握在高管团队手中，只不过是以基金会持有的方式集中控股，使得股权长久保持稳定状态。这本身也是一种创新的传承方案——分红用于慈善，所有权属于基金会，管理权属于高管团队，各得其所。

2018年7月4日，新闻报道称海航集团有限公司联合创始人、董事长王健先生，在法国公务考察时意外跌落导致重伤，经抢救无效死亡。王健先生英年早逝，令世人惋惜。他的股权身后如何传承，会不会影响海航集团经营的稳定，世人颇为关注。这个时候，海航集团的股权结构开始浮出水面，也印证了笔者的上述观点。笔者查询到，海航集团目前的大股东为海南交管控股有限公司。海南交管控股有限公司的大股东是盛唐发展（洋浦）有限公司；而后者的股东为海南省慈航公益基金会（大股东、持股65%），另一股东为一家外资公司。也就是说，海南省慈航公益基金会通过盛唐发展（洋浦）有限公司、海南交管控股有限公司实际控制了海航集团。这家公益基金会持有的股权应该是来自海航高管包括创始人陈峰、王健在内的捐赠。由于王健先生发生意外，他名下的股权捐赠有可能没有全部完成。但是，大局已定，他的或者任何高管的离世、婚变都不会影响海航集团实控人的稳定性。

对于那些认为家族财富积累已经足够，希望将股权与其他资产分别传承、企业不因后人继承而分散的企业家，不妨效仿海航集团的做法，以将股权捐给慈善基金会的创新方式来实现股权集中并长久持有，同时可以通过制度安排由后代治理基金会，实现企业控制权的传承及第二代接班人的培养。

但是，这种方式也需要谨慎评估风险。比如，海南省慈航公益基金会接受股权捐赠后，作为一家非公募基金会，原则上每年要完成不低于上一年基金余额的 8% 的公益支出。如果按市值计算捐赠的股权价值，那么基金会年度公益支出将是一笔巨额款项——这种方式对于捐赠股权给慈善基金会的家族而言，压力着实不小。

中国目前的富裕人士大都崛起于改革开放初期。他们最有危机感，也最勇于追赶历史的潮流。40 多年的创富经历中，他们对财富的理解在变——从有形财富到无形财富；传承的理念在变——从传资产到传精神；传承的目标也在变——从传给后人到传给社会……这种变化，是财富积累到一定阶段后整个富裕阶层出现的更高的追求，它将深刻影响中国家族企业与中国社会的财富面貌。而作为专业的财富管理律师，我们要洞察到这种变化，帮助富裕阶层完成由身富（物质富足）到心富（精神富足）的蜕变、升华，更多地回报社会，实现全民共同富裕的目标。

第六节 慈善信托：高净值人士家族慈善模式新选择

日本的稻盛和夫说："唯有利他，才能真正成就自己。"什么是慈善的核心呢？笔者以为，慈善的核心就是帮助他人，从而让我们更加接近人生的意义本身。

随着私人财富的积累，在现在这个温饱无虞的时代，富裕阶层更多地开始投身公益与慈善事业，体现对社会与人类共同体福祉的关注。相对于西方绵延百年的公益传统，中国富裕阶层形成的时间较晚，但是发展慈善事业的需求近年来愈发强烈。那么，高净值人士想要参与公益、慈善事业，应当如何着手呢？目前主要有三种途径：慈善捐赠、设立慈善基金会以及设立慈善信托。上一节，笔者已经对此简单介绍过。本节，笔者将为大家详细解释慈善信托的相关内容，要想深入了解慈善信托，最好与慈善基金会对比来看。

一、慈善基金会与慈善信托

（一）如何设立慈善基金会

根据《基金会管理条例》，基金会是非营利性法人组织，其设立及运营的目的是做公益事业，基金会的财产来源为个人与组织的捐赠资产。慈善基金会分为公募基金会和非公募基金会，二者的主要区别在于是否可以公开募集善款。

与公募基金会相比，非公募基金会不论是设立要求，还是运行要求，都没有那么严格，灵活度较高。非公募基金会中的理事会成员和监事会成员，可以由家族成员或企业中的高管来担任，对于基金会款项的使用和管理规则也可以根据创始人设立该项基金的目的进行个性化的定制。所以，很多富裕家族在投身慈善事业时，往往会选择能够实现社会公益与家风传承双重目标的非公募基金会形式。

1. 基金会设立程序

基金会设立登记的事项包括：名称、住所、类型、宗旨、公益活动的业务范围、原始基金数额和法定代表人；基金会须向县级以上人民政府民政部门申请登记，并向社会公告。

2. 基金会治理模式

无论是否公募，基金会的组织机构的构成及负责人人选都要符合法律的规定。基金会的负责人包括理事长、副理事长、秘书长。基金会的治理要符合以下规定：

（1）理事会是基金会的决策机构，理事会人数为5～25名。

（2）用私人财产设立的非公募基金会，相互间有近亲属关系的基金会理事，总数不得超过理事总人数的1/3；其他基金会，具有近亲属关系的人员不得同时在理事会任职。

（3）基金会设监事，监事任期与理事任期相同。基金会理事、理事的近亲属和财会人员不得兼任监事。

（4）在基金会领取报酬的理事不得超过理事总人数的1/3。监事和未在基金会担任专职工作的理事不得从基金会获取报酬。

（5）当基金会理事遇到个人利益与基金会利益有关联时，不得参与相关事宜的决策。基金会理事、监事及其近亲属不得与基金会有任何交易行为。

3. 基金会财产使用要求

（1）基金会应当按照合法、安全、有效的原则实现基金的保值、增值。

（2）公募基金会每年用于从事章程规定的公益事业支出，不得低于上一年总收入的70%；非公募基金会每年用于从事章程规定的公益事业支出，不得低于上一年基金余额的8%。

（3）基金会工作人员工资福利和行政办公支出不得超过当年总支出的10%。

（4）基金会开展公益资助项目，应当向社会公布所开展的公益资助项目种类以及申请、评审程序。

4. 基金会税收政策

目前，慈善基金会可享受的税收优惠主要是"申请免税资格"。基金会可以根据财政部、国家税务总局下发的《关于非营利组织免税资格认定管理有关问题的通知》（财税〔2018〕13号）的规定，向所在地税务主管机关提出免税资格申请。基金会获得免税资格后，符合条件的收入可以免征企业所得税。

而对于向慈善基金会捐赠的主体来说，可享受的税收优惠主要是"公益性捐赠税前扣除"。根据财政部、国家税务总局、民政部联合下发的《关于公益性捐赠税前扣除有关事项的公告》（财政部、税务总局、民政部公告2020年第27号）的规定，企业或个人向取得公益性捐赠税前扣除资格的慈善组织、其他社会组织和群众团体进行捐赠的，可享受相应的税收优惠。

这种税收优惠主要表现在：（1）企业税项扣除。根据《企业所得税法》第九条的规定："企业发生的公益性捐赠支出，在年度利润总额12%以内的部分，准予在计算应纳税所得额时扣除；超过年度利润总额12%的部分，准予结转以后三年内在计算应纳税所得额时扣除。"（2）个人税项扣除。根据《个人所得税法》第六条的规定："个人将其所得对教育、扶贫、济困等公益慈善事业进行捐赠，捐赠额未超过纳税人申报的应纳税所得额百分之三十的部分，可以从其应纳税所得额中扣除；国务院规定对公益慈善事业捐赠实行全额税前扣除的，从其规定。"

有关抵税资格的详细申请要求和流程，大家可在《关于公益性捐赠税前扣除有关事项的公告》文件中具体查知。

（二）如何设立慈善信托

什么是慈善信托？慈善信托属于公益信托，是指委托人基于慈善目的，依法将其财产委托给受托人，由受托人按照委托人意愿以受托人名义进行管理和处分，开展慈善活动的行为。慈善信托也是一种信托关系，受《信托法》的调整，所以慈善信托的法律关系包括委托人、受托人和受益人。与财富传承类家族信托不同，慈善信托是公益性质的。其委托人一般是捐赠人；受托人可以是信托公司，也可以是符合法律规定的其他主体。相比慈善基金会，慈善信托具有更为灵活、变通性高的优点（如不需要设立一个法人组织、没有每年最低公益事业支出的硬性要求等）。所以，近年来慈善信托越来越受到重视与关注。

在慈善信托领域，美的集团创始人何享健可以说是最早的一批参与设立慈善信托的高净值人士。从早期的公司和个人捐款，到慈善基金会的系统运作，何享健的家庭慈善事业步步升级。后来随着财富的累积，何享健不满足于慈善基金会的运营，想要开拓创新，因此他选择了"基金会＋慈善信托"的方式让慈善事业永续传承。2017年，何享健捐赠1亿股美的集团的股票（市值43亿元），设立和的慈善信托；还捐赠了20亿元现金，设立广东省和的慈善基金会，其中5亿元用于设立慈善信托。

如上所言，慈善信托是一种信托关系，主要依托信托契约成立，但因为它的公益性质，所以它也受到相应的主管部门的监管。那么，慈善信托到底是如何设立、运行的呢？

1. 慈善信托的成立

高净值人士在设立慈善信托时，一般会有明确的信托财产和受益人，同时会委托受托人建立信托关系，并按照信托合同进行信托财产的管理与满足慈善目的的分配。不过，公益救助与慈善项目管理、善款分配及监管是非常专业的工作，不是信托公司所擅长的。所以，在慈善信托中，委托人可以选择双受托人的模式，即信托公司和慈善组织均担任受托人。

这种模式下，信托公司可以进行专业的投资管理，慈善组织负责资金使用和项目落实，这样双方均可最大限度地发挥各自的优势。受托人为信托公司和慈善组织，双方还可以互相牵制，这对客户来说也是一种落实信托目的的双重保障。

2. 设立备案程序

设立慈善信托需要有设立目的、确定的财产、受托人和受益人等，还可以根据需要设立监察人。以上信息需要在主管部门进行备案，备案部门是受托人所在地县级以上人民政府民政部门，备案需要在慈善信托文件签订之日起7日内完成。

3. 通过与公益组织合作来享受税收优惠

虽然法律明文规定慈善信托可享受税收优惠，但目前尚未出台具体的税收优惠计算方式。因此，目前行业内的普遍做法是，通过与公益组织合作来享受税收优惠。

比如，捐赠人先将财产捐给公益组织，再以公益组织的名义委托信托公司设立慈善信托。信托公司作为受托人管理信托财产，公益组织向捐赠人开具捐赠发票。又或者，捐赠人作为委托人直接设立慈善信托，信托公司担任慈善信托受托人，并聘请有开票资格的公益组织作为项目执行人实施慈善项目，由项目执行人向委托人开具捐赠发票。

这两种做法都基于当下慈善信托税收的立法空白。不过，我们相信随着慈善信托业的发展，其税收优惠政策及法律法规会不断健全，慈善信托的税收优惠力度也会进一步加大。

（三）慈善信托的优势

同样是从事慈善活动，在讨论了二者的设立要求之后，我们可以通过一张表格来更直观地看一看二者的差异。

项目	慈善基金会	慈善信托
设立要求	有注册资金金额要求	无资金门槛
内部治理	以理事会为治理主体	以受托人义务为核心，根据信托目的进行管理与分配
内外监管	基金会主管部门与内部监事监督相结合	内部监察人监督与外部主管部门相结合
财产管理	基金会投资行为存在一定限制	受托人根据信托合同进行投资
税收优惠	具有企业和个人相关税收抵扣优惠的规定	目前暂无相关的税收优惠制度的单独立法
财产运营要求	对年度公益支出比例及管理费用支出有规定限制	无限制
解散	不得任意解散	可根据信托合同终止信托

相比于慈善基金会的模式，高净值人士选择慈善信托来满足其做慈善的需求的优势较为明显。

第一，委托人享有较高的自主决定权。根据委托人的需要，委托人可以在信托中指定他所享有的权利，并且要求受托人按照他的指示全面管理信托财产，以更好地保护委托人和受益人的权利。

第二，信托财产的保值、增值。在设立慈善信托时，若受托人是信托公司，信托公司作为受严格监管的持牌金融机构，不仅可以协助高净值人士开展慈善活动，还可以针对不同类型的信托财产安排相应的投资，使得信托财产可以保值、增值。

第三，设立成本低、运作灵活度高。设立慈善信托不要求有固定住所、章程、组织机构、专职工作人员等，完全可以借助受托人的办公场所及工作人员来完成慈善信托的设立。此外，慈善信托的管理费相对较低，普遍低于信托管理费的1%。

第四，管理更加规范透明。慈善信托受民政部门及金融监管部门的双重监管，有明确的信息披露要求。与非公募基金会相比，慈善信托更加依赖外部专业团队的运营，进一步去家族化。同时，慈善信托引入的信托监察人制度进一步加强了对信托财产管理与运用的监督，透明度较高。

以上是笔者对慈善基金会与慈善信托的介绍与比较。其实，慈善工具无所谓好坏，也不是非此即彼的关系。开始关注慈善事业的家族，完全可以从专项捐赠→设立慈善信托→成立家族慈善基金会中慢慢尝试，不断探索，找到最适合自己的慈善模式。

二、关于规划慈善事业的建议

随着高净值人士财富管理与传承需求的立体化转变,慈善安排已经成为每一个高净值家庭都需要考虑的规划要点之一了。基于此,笔者提出如下建议。

(一)在财富管理与传承中增设慈善板块

高净值人士在思考财富管理与传承方案的时候,可以考虑引入慈善工具。运用慈善基金会和慈善信托,不仅可以帮助家族优化税收结构、稳定实现资产的保值增值,还可以产生良好的社会影响力,树立更好的社会形象,同时,也更有利于后代传承优良家风,增强对家族的认同感,提升家族凝聚力,兼具商业价值和社会价值。

(二)结合多种模式的优势综合规划慈善安排

在设计家族具体管理与传承方案时,可以将多种慈善工具结合起来运用。比如,采取慈善信托的方式,可以借助信托架构的灵活性、金融机构的严谨性、创新融合的包容性,以实现效益最大化;而采取慈善基金的方式,则更便于享受到相应的税收优惠政策。在选择慈善工具的时候,应从自身的需求出发。如果希望慈善活动的开展更加简单便捷,不想为此单独设立场所、安排人员,可以选择慈善信托模式;如果希望从事的慈善事业规模较大、对家族慈善理念的传承要求较高,可以考虑选择非公募慈善基金会模式。

(三)结合后代培养与家族治理规划进行慈善安排

慈善绝不仅仅是捐款,要想落实慈善目的,往往需要家族成员身体力行。很多百年家族的后代一直在深度参与家族慈善项目的经营。让家族后代参与家族慈善事业的好处不一而足，所以在规划家族慈善方案时，不仅要考虑捐赠金额、受益人、治理机制，同时还要考虑第二代接班人的培养、家风和凝聚力滋养等综合传承目的。这样家族在回报社会时，家族本身的生命力也会更加旺盛。

和国外百年以上的发展史相比，当前慈善信托在我国仍属于新兴事物，因而存在无限的升值空间。如果能在其蓬勃发展的前期就运用好这一慈善工具，相信它会在家族财富传承、社会责任承担方面起到巨大的作用。

当财富已经成为单纯的数字，不能再提供意义感的时候，也许就是创造一种更加高级的无形财富的伊始——做些什么，能让这个世界更美好。

第七节　家族慈善基金会：家族治理与精神财富传承利器

2008年，全球首富比尔·盖茨宣布退休，并带来了一个重磅消息：他将把自己的580亿美元财产，全数捐给其名下的家族慈善基金会，即比尔及梅琳达·盖茨基金会，一分一毫也不留给自己的子女。这个决定是他和当时的妻子梅琳达共同做出的，因为他们希望自己能够对世界有"正面的贡献"。

盖茨"裸捐"一事在国内引起不小的议论，同时也将一个名词——"家族慈善基金会"带入了大众的视野。什么是家族慈善基金会？家族慈善基金会在高净值人士家族传承中能够发挥怎样的作用？我国的高净值人士应当如何设立家族慈善基金会？笔者将为读者一一解答上述重要问题，使读者对家族慈善基金会能够有一个详尽而全面的了解。

一、什么是家族慈善基金会

在我国，基金会要按照国务院于2004年颁布的《基金会管理条例》的规定成立。基金会有公募与非公募之分。公募基金会以公开的方式向社会募集基金，可以通过电视报刊、基金公司网站、银行代售等方式公开发行。而非公募基金会（即私募基金会）不能公开，只能向特定的机构或个人发行。

本文所讨论的家族慈善基金会主要有两大性质：第一，它与单纯的商业投资不同，必须以从事公益事业为目的；第二，为了家族能够在慈善基金的募集和管理、善款使用等方面拥有更多的话语权，高净值人士大多选择设立非公募慈善基金会。下文所言"家族慈善基金会"，如无特别指出，均指非公募基金会。

在国外，家族慈善基金会发展最迅猛的地区是美国，目前的数量已经超过了4万家，共计掌握3000亿美元的资金规模，成为美国公共福利事业的有力补充。本节开头提到的比尔及梅琳达·盖茨基金会就是一个典型的例子。该慈善基金会旨在促进全球卫生、教育领域的平等和美国西北部的建设等。盖茨在遗嘱中宣布拿出98%的财产给自己创办的基金会，用于研究艾滋病和疟疾的疫苗，并为世界贫穷国家提供援助。与此同类的，还有由美国"汽车大王"福特在1936年设立的福特基金会、建造了世界上第一个福利院小区的德国富格尔家族基金会、欧洲规模最大的非营利机构罗伯特·博世慈善基金会等。

中国内地的家族慈善基金会虽然起步较晚，但近年来如雨后春笋一般飞速发展。随着高净值人群数量的增加，他们也越来越多地为各项社会公共事业贡献自己的力量。其中，蒙牛集团创始人、前董事长牛根生创设的老牛基金会便属于国内创立较早、具有较大影响力的家族慈善基金会。2005年1月，牛根生及其家人宣布向基金会捐赠持有的全部蒙牛乳业股份。目前为止，牛氏家族对基金会的捐赠资产价值已超过40亿元，其公益支出也早已超过8亿元。2020年11月，胡润研究院发布了2020胡润慈善榜。该榜单统计了2019年4月1日至2020年4月30日期间的现金捐赠、与现金相关的捐赠、有法律效力的承诺捐赠，最终 15 位企业家上榜。结果显示，前十名上榜门槛创历史新高，达 4 亿元，其中不乏家族慈善基金会的身影。

二、家族慈善基金会在高净值家族传承中的作用

从上文的例子可以看出，有许多国内外高净值家族积极建设家族慈善基金会。究其原因，笔者认为有以下几点。

1. 传承家族精神，在社会中树立良好的家族形象

家族慈善基金会不仅是一个慈善救助的实体机构，还是一个家族精神文化寄托的重要载体，蕴含着家族的价值观。设立家族慈善基金会，是企业家对社会怀有感恩之心，希望回馈社会的体现，主观上可以表达家族对社会的感恩，客观上也可以帮助家族及其企业树立德才兼备的良好形象，具有非同一般的商业价值和意义。很多知名企业会设置专门的公益事业部门来从事慈善事业，如燕宝慈善基金会累计发放数十亿元的"燕宝奖学金"、老牛基金会探索儿童早期教育新模式的"儿童探索博物馆"等。上述企业均通过慈善公益达到了宣传品牌的效果。

2. 培养家族第二代的管理能力，增强家族凝聚力

家族慈善基金会也为家族提供了培养第二代管理能力的"内部平台"。根据法律规定，家族成员可以进入基金会担任理事会成员。家族成员的加入，可以确保基金会的运行和战略目标符合高净值家族关于社会责任承担的要求。香港富豪李嘉诚的儿子全部是其基金会的成员，曹德旺及其家族成员中有三人成为河仁慈善基金会理事会的成员，牛根生的儿子是老牛基金会的理事会成员……让家族成员加入理事会，可以培养家族成员的财产管理和事务管理能力，同时第二代通过对家族慈善基金

会的管理，可以体会到家族掌门人创业的初衷与精神，增强家族成员的凝聚力。

3. 通过慈善合理筹划税务，既能赢得社会声誉又能降低企业运营成本

比尔·盖茨、福特这种顶级富豪把财产全部捐给以自己名字命名的家族慈善基金会，却没有以遗嘱的方式将财产留给子孙，并不是将财产完全与子孙分离，而是让自己的子女以家族慈善基金会的方式管理这笔钱。这样做的好处是什么呢？是通过税收优惠政策，优化企业的税务结构。

以美国为例，遗产税的税率大约是 45%，房产增值需要缴纳 15% 的资产增值税，股票增值需要缴纳 15%～35% 的资本利得税，其税额之高令人咋舌。而符合《美国联邦国内税收法典》第 501 条（C）款（3）项的慈善基金会则可以享受免缴所得税的优惠政策。

我国也有类似的规定，优惠的方式是符合条件的个人或企业可以获得"公益性捐赠税前扣除资格"。关于这一点，笔者已在上一节详细解释，此处不再赘述。

因此，高净值家族如果能利用好家族慈善基金会，就既能通过做慈善承担社会责任，又能利用税收优惠政策合理降低企业的运营成本。

三、我国设立家族慈善基金会的流程

那么，我国的高净值人士应当如何设立家族慈善基金会呢？以北京为例，设立家族慈善基金会主要有以下办理流程：

（1）设立条件。要符合为特定公益目的而设立、私募基金会的原始基金不低于 200 万元人民币、有固定的住所等条件。

（2）核名。慈善基金会的名称必须将"北京"放在前面，且名字不能超过4个字，如北京××××公益基金会或北京××××慈善基金会。

（3）业务主管单位审批。审批单位是民政局，证书有效期为五年，每年需要年检一次。

（4）提交可行性研究报告。报告主要内容有即将成立的基金会组织架构、基金会的原始基金来源、办理基金会的缘由和目的、基金会经营范围和宗旨、未来发展方向和趋势、两个以上的公益慈善项目等。

（5）主管机关核查地址等信息。

（6）网上提交初审材料。

（7）网上通过后，取得民政局红头文件和临时账户入资单。

（8）开临时账户、入资、取得验资报告。基金会名字审批下来后10个工作日内必须入资。

（9）现场提交成立材料，并等待民政局审核。

（10）公示信息后，领取证书，慈善基金会即宣告成立。

四、律师建议

到这里，相信读者对家族慈善基金会的含义、作用、设立流程与特点，已经有了一个初步的认识。在此，笔者提出三点建议。

1. 按法律规定合规使用家族慈善基金，加强财务规范，避免承担不必要的法律风险

法律和社会舆论对慈善事业的要求非常高。近年来出现的公益项目负面事件，每一次都掀起轩然大波，使得"公益"一次次遭遇污名化。因此，企业在运用家族慈善基金进行支付时，必须保持谨慎的态度，不能做出有违社会公德、损害企业形象的事。同时，要完善家族慈善基金会内部的财务制度及财务监管制度，按年度向监管部门报送财务报告及审计情况，企业还可通过网站等途径将善款的结余情况、将来可能的用途进行公示。只有家族慈善基金会的自律高于法律规定，才能避免慈善目的被扭曲或陷入舆论危机。

2. 制定完备的章程，规范治理家族慈善基金会

首先，家族慈善基金会的设立要合法，满足设立条件后应进行审批、公示，严格遵守国家民政局规定的流程。其次，家族掌门人可借助外部慈善专家、法律人士的力量，共同制定家族慈善基金会的章程，并在运营过程中将章程转化为规范治理基金会的框架。家族慈善基金会不是家族的"金库"，基金会成员也不能随意支配基金会的收益，不得利用基金会从事关联交易或其他非公益活动。基金会治理机制的建立与完善，不仅有利于家族慈善基金会的有序运行，还可以提升家族成员对组织的治理能力和管理能力，为家族企业培养后备人力资源。

3. 结合家族目标，审慎设立家族慈善基金会

家族慈善事业的"大厦"并非一朝一夕就能够建造完成，慈善基金会的设立与管理的门槛也相对较高，家族成员应仔细评估、慎重决策，综合考虑家族的愿景、价值观及发展目标、企业的战略目标等各种因素，积极整合社会资源，以便尽早实现家族目标。

第五章
政策解读

第一节　财富面纱层层被揭开，高净值人士全球资产隐形日益困难

对于很多高净值人士而言，资产配置全球化是一盘大棋。运筹帷幄的背后，是企业税务筹划、国际资本运作、国内风险防范、家庭移民规划等多种需求的体现。但是，反过来对所在国家而言，或许就会存在国内资本外流、国内税源损失等风险。随着国际间人员、资产流动性的增加，如何保证对税收居民及税源（包括个人和企业）的掌控，是摆在每一个主权国家面前的重大任务。

解决这个问题的关键是：是否可以对税收居民的境外所得征税？如何发现这些境外所得，发现后又如何追缴？

一、全球征税是很多主权国家的通行做法

对税收居民的境外所得征税是包括美国、中国等很多国家在内的通行做法。比如，美国实行全球税务申报，要求税收居民申报全球范围内的收入，在申报基础上缴纳税款。美国全球征税政策针对的是全球范围

内的个人收入，以及海外特定金融资产。也就是说，个人工资、银行利息、房产租金、金融收入（如证券交易收入、基金交易收入、股息及分红收入、房产买卖收入等）都在税务征收范围内。而且，美国税收居民的认定标准很宽泛，包括以下三种：美国公民、美国绿卡持有人（新移民自登陆之日起自动成为美国税收居民）、在美国居住达到一定期限的人。中国则在1980年施行的《个人所得税法》中已经规定对中国税收居民的境外所得征税。

全球征税难免产生双重征税的冲突，所以，税收居民的认定标准，境外所得纳税的抵扣、减免，各国间双边税收协定等税收制度安排就变得很重要。比如，中国的税收居民标准就是在中国境内有住所，或无住所但在一个纳税年度内在中国境内居住累计满183天的个人。这里的"在境内有住所"的个人，是指因户籍、家庭、经济利益关系而在境内习惯性居住的个人。习惯性居住，是判定纳税人是居民个人还是非居民个人的一个法律意义上的标准，并不是指实际的居住地或者在某一个特定时期内的居住地。对于因学习、工作、探亲、旅游等原因而在境外居住，在这些原因消除后仍然回到中国境内居住的个人，中国则为该纳税人的习惯性居住地，即该个人属于在中国境内有住所。

所以，多数国家要求本国的税收居民对其境外所得进行申报并缴纳税款。但是，因为纳税主体的消极申报以及管理主权的阻隔，尽管多数国家的法律有规定全球征税，但事实是各国境外税源流失仍十分严重，存在严重的信息不对称。

例如，美国在《海外账户纳税法案》（以下简称FATCA）实行前，美国税收居民利用海外金融账户逃税，使得美国每年税收损失约1000亿美元，其中300亿~600亿美元为个人逃税。所以，大多数主权国家希望这个世界变得透明，至少本国居民境外资产应变得透明。

二、"全球追税"——从"肥猫法案"到 CRS

2010 年,为弥补财政赤字、打击美国公民和绿卡持有者离岸逃税行为,美国推出 FATCA（Foreign Account Tax Compliance Act）,又称"肥猫法案"。该法案不仅要求符合条件的美国公民和美国绿卡持有者主动申报境外资产,还强硬地要求外国金融机构自 2014 年起,必须向美国国税局提供美国公民、绿卡持有者,或者三年累计往来美国超过 183 天以上的美国税收居民的海外账户资料,否则该金融机构将被处以其在美国所得 30% 的罚款。在美国施加的压力下,多国金融机构与美国签订了协议,其中包括客户资料保密制度最为严格的瑞士银行。瑞士自 2014 年 6 月 30 日开始执行美国 FATCA,从此瑞士金融机构开始向美国税务部门提交在瑞士银行拥有账户的美国公民的银行信息。曾经最安全的银行,对很多美国客户而言变得"不安全"了,但对美国政府而言,既大大提高了财政收入,又震慑了不主动申报的本国税收居民,一举两得。

在 FATCA 的启发下,各国开始思考如何建立全球涉税信息共享机制。2014 年 7 月,经济合作与发展组织（Organization for Economic Co-operation and Development,OECD）受二十国集团（G20）的委托制定了共同申报准则,即 CRS。包括中国大陆、中国香港在内,近百个国家或地区承诺于 2017 年或 2018 年实施 CRS。CRS 建立的是各国交换彼国税收居民在本国涉税金融信息的机制,以达到全球涉税信息共享的目的。例如,中国内地和中国香港施行 CRS 制度之后,某中国内地税收居民在香港金融机构拥有账户,则该居民的个人信息以及账户收入所得会被香港金融机构收集并上报香港相关政府部门,且与中国内地相关政府部门进行信息交换,这种交换每年进行一次。从理论上讲,中国内地税务部门将掌握该人在香港的所有金融资产信息，以便进行税务稽查。

在CRS未执行之前，如果一个中国富人有一个海外账户，那么披不披露该账户的信息，完全由自己决定。然而，现在他几乎没有什么选择权了，只要开户行所属金融机构与中国大陆有金融账户涉税信息交换的安排，那么相关信息会被自动披露回国，是否偷、逃、漏税，在大数据面前一览无余。而参与CRS的国家和地区众多，想逃避信息交换的可能性越来越小了。

CRS涉及披露的信息指的是金融财产涉税信息，包括存款、保险、信托、基金等金融账户的涉税信息。可以说，富人的海外金融财产信息对本国来说基本上是透明的。这对于很多担心财产来源、身份敏感、有税务瑕疵的账户持有者而言，确实是始料未及的打击。因为谁也想不到各国在大数据与互联网技术的加持下，共享信息的速度如此之快，范围如此之广。以前各种离岸账户①的安排，到今天可能就显得"聪明反被聪明误"了。

CRS属于国与国之间的制度，在国内实施必须通过国内立法。2017年7月1日，我国《非居民金融账户涉税信息尽职调查管理办法》生效。这意味着中国开始与各个国家和地区进行涉税信息交换。那些在中国金融机构有资产，但是定居或移民境外的个人，就要面临国内金融账户被中国政府交换至移民地国家的风险——藏在中国的钱对定居的国家而言信息透明化了。

---

① 离岸账户：指在境外银行开立的账户，客户可以从离岸账户上自由调拨资金，而不受本国的外汇管制。

三、"避税天堂"的崩塌——CRS、经济实质法案、公开公司受益所有人的影响

由于各国税务制度不同,很多个人和企业通过设立海外账户、离岸公司等方式进行税务筹划,使得各国大量财富向税收洼地聚集,尤其是英属维尔京群岛(The British Virgin Islands,BVI)、塞舌尔群岛、开曼群岛、巴拿马等地。根据媒体报道,全球流向这些离岸中心的金融财富实际数字高达32万亿美元。其中,前三位分别是中国的1.189万亿美元、俄罗斯的8000亿美元,以及韩国的7790亿美元。也就是说,在全球的隐形财富中,仅中国通过"避税天堂"隐藏的资金就达到了3.7%。

但是,随着全球对离岸金融避税、洗钱等违法行为的打击,以及各国对离岸地不断施加压力,离岸账户持有人和离岸公司实控人的信息不断被披露,富人在离岸中心的财富透明化程度不断增加。

1. 多个离岸中心加入CRS,承诺交换非居民账户信息

在G20的大力推动下,一些传统的"避税天堂",如百慕大群岛、BVI、开曼群岛、塞舌尔群岛、塞浦路斯等都已经加入CRS。对于不是这些离岸地税收居民的个人(以下简称非居民),或者虽是当地的注册企业,但是没有实质业务、实控人是非居民的,他们的账户都需要按照CRS向非居民所在国家交换账户信息。

对于很多中国高净值人士而言,在离岸中心开设离岸公司,然后以这些公司的名义开立银行账户进行投资、资产配置、持有金融账户、设立信托,是传统的海外资产配置方式。但是,如果这些离岸公司被开户的金融机构识别出实控人为中国税收居民,即使是离岸公司开设的海外账户,信息也需要交换回中国。

2. 离岸中心纷纷通过经济实质法案

2017年11月，国际调查记者同盟（International Consortium of Investigative Journalists，ICIJ）公开了全球1340万份被称为"天堂文件"的财务文件。众多国际政要、名人和商业领袖在这些离岸中心的离岸利益被揭露。富人利用离岸公司避税的问题引发了全球人民的愤慨。欧盟行为准则组织（EU Code of Conduct Group）迅速行动，对包括开曼群岛、BVI在内的税收政策进行评估，并于2017年12月紧急发布了一份"黑名单"——欧盟税务非合作管辖区名单。为避免被欧盟制裁，离岸中心纷纷制定经济实质法案来表明态度。当前已出台经济实质法案的国家或地区有开曼群岛、BVI、百慕大群岛、根西岛、泽西岛和马恩岛等。

根据这些经济实质法案的要求，外国投资者所设立的实体，如该实体属于从事"相关活动"的"相关主体"，须按要求提交经济实质报告，证明该实体满足经济实质的要求。对于不能满足经济实质要求的，要么该公司被认定为其他税收管辖区的税收居民；要么将"相关活动"从该公司移出，不得再从事；要么补全经济实质的要求（比如，在当地租用经营场所、雇用人员并购买必要资产等）。所以，对于实施经济实质法案的国家或地区的离岸公司及实控人而言，现在就面临艰难的选择——要么关闭离岸公司，要么付出更高的管理成本和合规成本。

由于之前开曼群岛、BVI等地作为传统的离岸中心，有诸多企业和富豪在这里仅搭建离岸公司架构来实现资本运作和税务筹划，并没有实质业务，不需要租办公场所、雇用员工，所以很多海外上市公司会有多层离岸公司架构，因为管理方面几乎没有成本。但这些离岸地实施经济实质法案后，离岸公司要么符合经济实质要求，要么注销，要么可能被认定为实际管理中心所在国的居民企业而享受不到离岸地的税收优惠。

经济实质法案实施后，"避税天堂"不再是"天堂"。目前，根据公开信息，在开曼群岛设有实体的中国企业，包括阿里巴巴、腾讯、百度、网易、小米、京东、奇虎360和分众传媒等知名公司。所以针对这些变化，相关企业也要有所应对。

3. 离岸地纷纷承诺公开公司受益所有人信息

离岸中心之所以能吸引很多富豪来此地开设公司，除了零税率或低税率等税务优惠，还有灵活的公司制度，比如不要求披露股东信息。股东信息保密这一传统，吸引了大量隐形富豪。但是，股东信息保密也导致了大量的海外避税、洗钱等行为。国际反洗钱金融行动特别工作组（Financial Action Task Force on Money Laundering，FATF）和OECD一直致力于推动离岸公司受益所有权信息透明化。目前影响最大的推动信息透明化的行动，是英国政府要求英国皇家属地和海外领地政府于2023年年底前向公众完全公开当地公司的受益所有权登记信息。目前已经承诺公开当地公司受益所有权登记册的英属离岸地有根西岛、泽西岛、马恩岛、安圭拉、百慕大群岛、开曼群岛等。

英国政府强势要求离岸地公开当地公司的受益所有权信息，所涉受益所有人包括哪些人呢？主要有以下5类：

（1）直接或间接拥有超过25%股份的个人；

（2）直接或间接拥有超过25%表决权的个人；

（3）直接或间接有权任免董事会多数席位的个人；

（4）有权对该公司实施或者事实上对该公司拥有重大影响或控制的个人；

（5）如果一个信托或非法人主体（而非个人）满足上述任一条件，对该信托或非法人主体有权实施或者事实上拥有重大影响或控制的个人（如信托的设立人、保护人等）。

这就意味着，根据以上标准，中国企业海外上市常用的红筹架构中，如果实控人直接或间接持有任何一个离岸公司 25% 以上的股权或达到其他标准的，在该离岸地，任何人都可以看到这个人的持股信息。最重要的是，近年来，很多中国企业家在海外上市时往往会设立信托架构，而根据以上标准，对该信托有重大影响或控制的个人，其个人信息也面临着因信托直接或间接控制着某个离岸公司而被公开的风险。

如果离岸公司所在地是承诺公开受益所有人的离岸地，如开曼群岛、百慕大群岛，那么，家族信托若直接或间接持有该公司 25% 以上的股权或表决权，就需要披露信托的设立人、保护人或其他有重大影响的个人，公众可以公开查询。但这与家族信托的设立初衷其实是不符的。

在全球打击海外避税、反洗钱的大趋势下，可以说世界是透明的，全球信息交换是不以个人意志为转移的。无论是金融账户信息，还是海外公司股权，都一步步地在交换之列。随着互联网技术的发展，将来有一天，房产等信息是否也会被纳入国家涉税信息交换的列表里也未可知。

在国家意志与国家利益面前，各种迂回的"避税套路"都不堪一击，何况是各国政府联合起来。这对高净值人士的启示是：依法纳税的时代已经到来，一切的规划与筹谋都要在合法的框架下进行，才能经得起时间的考验。

对于希望低调将合法财产隐形的高净值人士而言，无论是银行，还是离岸中心的信息保密传统，都正在被信息交换大趋势打破。因此，我们要适应新的变化，并根据变化和法律规定而有所调整。

第二节 《民法典》创设居住权，会不会实现国人的"诗与远方"

小高的奶奶1992年就去世了。奶奶去世后，爷爷买了一套房子自己居住，因晚年孤独，于2006年11月与张女士结婚，共同居住在这套房中，感情和睦。2008年7月，小高的爷爷立了一份遗嘱，将这套房产遗赠给小高并进行了公证。2013年6月，小高的爷爷去世，小高表示接受这套房屋的遗赠，并于同年9月取得产权证。此后，小高数次要求张女士腾房，张女士均以没有自有住房为由不予配合。最后，小高只能诉至法院。

看到这里，大家会倾向于支持谁呢？是拿到房本拥有所有权的亲孙子？还是年过古稀，虽然和小高没有血缘关系，但是希望能够继续居住在那个房子里养老的张女士？

本案一审法院认为，小高作为涉案房屋的所有人，对该房屋享有所有权，张女士占用其房屋的行为，已经妨害了物之所有权的行使，判令张女士限期搬离。宣判后，张女士不服，提起上诉。

二审法院认为，在小高祖父去世后，张女士作为其配偶，居住于涉案房屋内的现状应当得到尊重。在夫妻一方死亡，另一方又无其他居住条件的情况下，因婚姻关系产生的居住权益并不因夫妻一方去世而消失。小高取得涉案房屋所有权系继受取得，非原始取得，故对张女士享有居住权的现状应予以尊重，其对物权的行使不得损害张女士的合法权益。在张女士无其他住房，又无固定生活来源，且对涉案房屋享有合法居住权的情况下，小高要求张女士立即迁出该房屋的诉请，有违公序良俗，不予支持。

在《民法典》正式创设居住权以前，这类居住权与所有权的纠纷只能类推适用《关于适用〈中华人民共和国婚姻法〉若干问题的解释（一）》（以下简称《婚姻法司法解释（一）》）第二十七条的规定，认为离婚后，生活困难的一方对另一方的房屋有居住权，并以公序良俗原则作为补充，但还是缺少对居住权的明确规定，对于该居住权是否为物权意义上的居住权也存在争议。

住房是民生大事。随着我国社会的发展，司法实践中关于"居住权"的案件越来越多，有法官将其归类为拆迁安置型、公房租赁型、离婚帮助型以及家庭亲属型。实际上，在《民法典》颁布之前，这些案件中，"居住权"及类似词语被写入裁判中的情形十分常见，但由于现行法律中缺少关于居住权的明确规定，这些问题常常处于"名不正，言不顺"的尴尬境地。随着房价不断高涨，现实生活中确实存在虽然没有房屋所有权，但是主张居住权的争议。针对这类诉求，《民法典》给予了回应。2020年5月28日，中华人民共和国第十三届全国人民代表大会第三次会议表决通过《民法典》，中国首部民法典正式问世。《民法典》物权编的一大亮点，就是增加规定"居住权"这一新型用益物权。它对解决近年来弱势群体住房问题面临的现实需求具有重要意义。

一、什么是"居住权"

2002年1月28日,全国人民代表大会常务委员会法制工作委员会在《关于〈中华人民共和国物权法(征求意见稿)〉的说明》中,第一次提出为了"切实保护老年人、妇女以及未成年人居住他人住房的权利"的意见,成为《民法典(草案)》中规定"居住权"的基础。

居住权,是指以居住为目的,对他人的住房及附属设施享有的占有与使用的权利,原则上无偿设立,居住权人有权按照合同约定或者遗嘱,经登记占有、使用他人的住宅,是以满足权利人居住需求而从所有权中分离出来设立的一种用益物权。通俗地说,就是虽然没有房子的所有权,但是因为种种原因被法律赋予了居住的权利。这一制度创新,对于解决低收入群体以及其他弱势群体住房问题,弥补现有住房保障制度的不足,意义重大,是《民法典》回应"住有所居"需求的典型例证。

> 《民法典》
> 第三百六十六条 居住权人有权按照合同约定,对他人的住宅享有占有、使用的用益物权,以满足生活居住的需要。
> 第三百六十八条 居住权无偿设立,但是当事人另有约定的除外。设立居住权的,应当向登记机构申请居住权登记。居住权自登记时设立。
> 第三百六十九条 居住权不得转让、继承。设立居住权的住宅不得出租,但是当事人另有约定的除外。
> 第三百七十条 居住权期限届满或者居住权人死亡的,居住权消灭。居住权消灭的,应当及时办理注销登记。

二、居住权的创设将产生哪些影响

如今，房产在老百姓的收入、财富以及支出中占的比重越来越大，是家庭财富的重要组成部分。此外，对于包括低收入群体在内的弱势群体来说，住房保障是关乎其生存发展的重要利益。居住权入法，笔者认为将产生以下三个方面的影响。

1. 完善住房保障体系

我国目前已经建立起廉租房、公租房、经济适用房、限价房等多层次的保障性住房体系，在一定程度上解决了中低收入群体的住房问题。但是，这些保障性住房的覆盖人群有限，手段不够完备，相关制度在实施过程中也滋生了其他社会问题，尚不能完全解决目前的住房问题。居住权制度在实现"住有所居"的住房保障目的方面具有更大的制度优势。居住权制度下，笔者认为，可以探讨创新保障性住房机制：国家保留保障性住房的所有权，而权利人则享有房屋的居住权，从而实现所有权的物权权属在国家与保障对象之间分配。一方面，国家作为房屋所有权人，依然是房屋权利的最终享有者，可以在很大程度上避免房地产投机行为，使得住房保障的目的落到实处。另一方面，居住权人有权在权利存续期间占有、使用房屋，以满足其生活居住的需要。[1]此外，由于居住权因合同而设立，不可以转让、继承，所以可以约定居住权人生活改善后收回居住权，使得国家可以在弱势群体中动态调剂房屋居住资源，促进社会平等的实现。

2. 丰富居民住房形式

当前，我国居民要获得住房，要么是直接购买，要么是租住他人房

---

[1] 陈宇. "居住权"入法的影响[N]. 学习时报，2018-10-01（03）.

屋，但这两种方式均有不足之处。购房对于大城市的中低收入人群而言难以负担；而租住他人房屋是建立在租赁合同的基础上的，居住房屋的权利是"债权"而非"物权"，稳定性相对较弱，难以满足人们长期的居住需求。笔者认为，在规定了居住权制度后，当事人便可以通过购买房屋的居住权并进行（用益）物权登记，保障其在合同期间确定的居住利益，从而缓解买不起房、租房又闹心的居无定所的矛盾。这样，居住权的范围和期限允许当事人根据实际情况自由确定，填补了房屋所有权与租赁权之间的中间地带，为居民获得住房提供了更加多样的法律保障形式。

3. 保障弱势群体的基本需求

在现实中，离婚案件中的弱势一方、孤寡老人、社会底层人员等群体往往面临住房基本需求难以得到满足的困境。例如，在《民法典》生效之前，我国对于居住权在《婚姻法》及相关司法解释中有所体现。如《婚姻法》第四十二条规定："离婚时，如一方生活困难，另一方应从其住房等个人财产中给予适当帮助。具体办法由双方协议；协议不成时，由法院判决。"针对这一规定，最高人民法院在《婚姻法司法解释（一）》中规定："离婚时，一方以个人财产中的住房对生活困难者进行帮助的形式，可以是房屋的居住权或者房屋的所有权。"但在实践中，此类规定很难落地。《民法典》将居住权纳入法律之中，并对涉及婚姻制度的相关问题进行合理设计，就会使这一问题得到较好解决，离婚时弱势一方的居住权保障将有法可依。

三、律师建议

居住权的落地和实施肯定还需要进一步的细则来加以规范，包括登记制度等。但笔者认为，居住权制度生效后，我们至少要考虑这些问题。

1. 以后房子是"买"，是"租"，还是"居"

也许，我们现在还没有感知到居住权制度对于中国社会的深远影响，但这个制度的出现，意味着将来的房子可以不用买，人们仅通过合同设立并登记居住权就能获得稳定的房屋居住利益。这是否意味着中国人可以从高房价的"绑架"中解放出来，仅用一间厨房的价格去获得长期的居住权，然后用买房的钱去追寻"诗和远方"？

如果将来人们因为居住权制度的产生而不再有买房的执念，那么从长期来看房价会不会慢慢回落？基于此，持有大量房产的高净值人士就要认真考虑，不断加大房产配置是不是最优的选择。

2. 如何通过居住权制度实现"以房养老"

传统的售后租回模式，是由老年人将房产出售给金融机构，获取定期的金钱给付，并将房屋租回自己住。但此模式是基于租赁合同设立的债权，稳定性比不上具有用益物权性质的居住权，对老年人而言有较大风险。居住权制度下，老年人可与相关金融机构达成设定居住权并以房养老的协议，房屋的所有权在协议生效后转给金融机构，金融机构根据房屋的价值向老年人进行定期金钱给付，确保其生活质量不下降。此情形下，金融机构虽然取得了房屋的所有权，但不能实际占有房屋。[1]

即使金融机构破产，继受房屋所有权的主体也不能让老人搬出房屋，因为用益物权——居住权设立在先，新的所有权人必须尊重用益权人对房屋的居住权。换句话说，以房养老合同设立了老人的居住权，老人只要活着，就能一直住下去。

---

[1] 王利明.论民法典物权编中居住权的若干问题[J].学术月刊，2019，51（07）：91-100.

所以，居住权制度对于中国未来养老资金来源、创新模式、制度保障都会产生深远的影响。

3. 离婚后，即使不分割房子也可以继续居住吗

通常情况下，若男方婚前购买房子，婚后女方想要在房产证上加名比较困难，但是女方同样希望得到保障（反之亦然）。此时，设定居住权就是一个可行的解决方案。房屋的产权仍然归男方所有，女方可在居住权约定的期限内或者按照居住权约定条件（如抚养共同子女）无偿居住。即便以后离婚，只要还在居住权约定期限内，女方仍能自由占有、使用房屋，但女方无权处分房屋。还有另外一种方式，就是不设立女方的居住权，但是可设立离婚时夫妻双方子女的居住权。只要孩子未成年，都有继续居住的权利。这样可以给子女相对稳定的生活居所，不会因为单亲父母没有房子而居无定所，同时又不涉及房屋所有权的分割，是一个平衡房屋产权与实际居住需求的灵活的法律工具。

所以，居住权制度在保护低收入人群、有以房养老需求的人群、无力购房的单亲父母等方面，确实有非常重要的作用。

4. 关于居住权的设立，要注意四个问题

（1）需要订立书面协议，约定居住权的主体、内容、期限、条件。

（2）居住权需要登记，才能获得用益物权的保障。

（3）居住权是无偿的，但是并不禁止双方约定有偿居住；有偿居住也不是租赁关系，还是用益物权，所有权人及权利继受人在居住权期间不能赶走居住权人。

（4）用益物权具有人身依附性，不能转让、继承。权利人死亡，权利即时消灭。

"民法典时代"的到来，标志着我国民法制度的一大进步。居住权制

度的设立,更是让我们看到了法制在追求社会平等的基础上对弱势群体的呵护。哪怕仅仅是对于权利进行一定的让渡与约束,我们也要充分肯定这个制度体现出的人文关怀。当然,实体法的争议还需要程序法的加持,期待后续有更多的关于居住权的实施细则出台。

第三节　意定监护：将最后的岁月托付给"后天亲人"

王泽鉴在其著作《民法总论》中写道："监护制度之设立，在于保护知虑不周之人，并兼顾交易安全。"传统监护制度旨在保护民事行为能力不完全之人，通常由有血缘与姻亲关系之人行使监护职责。而现代社会，随着多元性别群体（LGBT）、孤寡老人、不婚主义、单身人群的比例不断增加，亟须设立一种更加多元且更加尊重个人意愿的监护制度。

2017年3月15日，第十二届全国人民代表大会第五次会议通过《中华人民共和国民法总则》（以下简称《民法总则》）[1]，并于当年10月1日生效。该部法律有很多"明星条款"引起了法律界热议，但有一条新增条款很特殊，它在当时几乎没有存在感，却在十几个月之后迅速蹿升为"网红"条款——第三十三条：关于意定监护的规定。2021年生效的《民法典》继续保留了该条款，确立了成年人意定监护制度。这是我国民法法典化进程中监护制度的一个重要突破，也是对我国步入老龄化社会过程中出现的法律问题的积极回应。

---

[1] 自2021年1月1日起，《民法典》正式施行，《民法典》总则编取代《民法总则》。

《民法典》

第三十三条　具有完全民事行为能力的成年人，可以与其近亲属、其他愿意担任监护人的个人或者组织事先协商，以书面形式确定自己的监护人，在自己丧失或者部分丧失民事行为能力时，由该监护人履行监护职责。

虽已有明确的法律规定，但目前此领域的法律服务尚有不足，大多数意定监护协议过于简单、粗糙。笔者认为，未来社会多元化的大趋势必定会使得个性化监护成为普遍需求，意定监护将成为法律服务细分领域的重要组成部分。

一、意定监护，满足现代社会的多样需求

什么是意定监护制度？这一条关于对法定监护制度之外的新增规定，到底回应了现实生活中的哪些人群的呼求？我们先来看三个故事。

（一）C先生希望在性别重置手术中，由自己选择的监护人签字

C先生是国内首个跨性别就业歧视案件的当事人，笔者有幸和他探讨过意定监护制度对跨性别群体的现实意义。C先生生理性别是女性，他很希望接受性别重置手术。但这类手术属于高风险手术，即使是成年、有完全行为能力的患者，国内医院也要求患者的监护人签字同意。C先生问我们，父母的想法很传统，难以接受他做这样的手术，现行制度能不能让他选择法定监护人（他的父母）之外的伴侣来完成医院要求的手术监护人同意手续？

（二）空巢老人希望指定最信任的人，守护最后的岁月

80多岁的杨老太的老伴早已去世，自己长期和保姆（远房亲戚）生活。虽然杨老太有3个子女，但是子女全部定居海外。杨老太目前生活优裕，却时常担心：当自己最终失去行为能力时，谁能陪伴自己度过有尊严的最后的岁月？与此相关的治疗方案、临终关怀、医养费用又该如何确定和支付？她认为，年近花甲的海外子女，统统指望不上，她希望将照顾自己的事情全部委托给保姆。中国人做事讲究名正言顺，杨老太向我们咨询：她以什么名义委托保姆给自己送终？如何确保保姆对自己的监护权权责和子女一样？类似杨老太这样的个性化养老需求，将会是很多生活条件良好的"银发族群"的刚需。

（三）自闭症家庭的父母，如何无忧地照顾自己的晚年和患病的子女

苏先生的儿子在3岁时查出了自闭症。儿子今年已经20多岁，苏先生和苏太太的年纪大了，身体和精力都大不如前，照顾儿子更是心力交瘁。据统计，中国自闭症人群数量已超千万，且呈现逐年上升的趋势。目前自闭症患者大多数是独生子女，摆在他们的父母面前的，是一个个巨大的难题——做父母的年老体衰之后，谁来照顾孩子，谁来照顾年老的自己？护理事务与财务应该怎么安排？父母去世之后，孩子的监护问题怎么解决？我们甚至看到过这样的报道——因为担心患有自闭症的孩子无人照顾，年迈的父母带着孩子自杀。面对这样的残酷现实，自闭症家庭的父母亟待意定监护与对自闭症子女指定监护结合的家事安排。

法定监护制度是建立在血缘与姻亲基础上的，它把监护权利与责任分配给传统社会的近亲属。而在现代社会，人们迫切需要一种更加多元且能满足现代社会家事需求的监护制度。意定监护制度的产生，正是针对现实生活中法定监护制度不能满足多样监护需求而出现的，是尊重人

们的选择、解决很多特殊人群后顾之忧的法律制度。意定监护制度的出现，让监护关系不再受血缘关系的约束。这意味着你可以将余生托付给任何人，只要你信任他。

那么，我们应该如何理解意定监护制度呢？笔者认为，与传统的法定监护制度相比，意定监护具有以下特点。

1. 意定监护的被监护人应具有完全行为能力

意定监护应体现意思自治，即具有完全行为能力的人自主安排，委托他人成为自己将来的监护人；无民事行为能力的人、限制民事行为能力的人不能作为意定监护的委托人。

2. 意定监护的监护人可以是法定监护人，也可以是其他主体

意定监护的监护人应是基于被监护人的委托与信任，自愿承担接受委托的具有完全行为能力的自然人或组织。监护人可以是法定监护人之一，比如老年人诸多子女中的一个"孝子"，也可以是法定监护人之外的其他主体。

3. 意定监护需要签署监护协议，并且最好进行公证

法定监护是基于血亲或姻亲关系的法定权利与义务；意定监护需要当事人签署意定监护协议，确定监护权利与责任、行使监护权条件、监护权范围（如住院医疗和大病监护）、监护人忠诚履责、意定监护的解除等条款。虽然法律没有规定意定监护协议须经公证，但是，由于安排的是重要的委托事项，所以笔者建议最好还是对意定监护协议进行公证。

4. 需要借助外部力量对意定监护进行监督

意定监护基于信任关系，一般委托的都是近亲属或感情基础深厚的人。不过这种监护毕竟是通过一纸协议安排的，在实施中容易引起一些争议与质疑：如何借助外部力量监督监护人是否勤勉履行监护责任？发生法律争议如何解决？监护人是否可以有偿监护？法定监护人与意定监护人的监护权边界如何确定？……这些问题都亟待法律人共同摸索解决。

二、意定监护设立的流程

（一）存在意定监护法律需求的人群

对于意定监护的法律需求，笔者认为主要有以下 6 类人群。

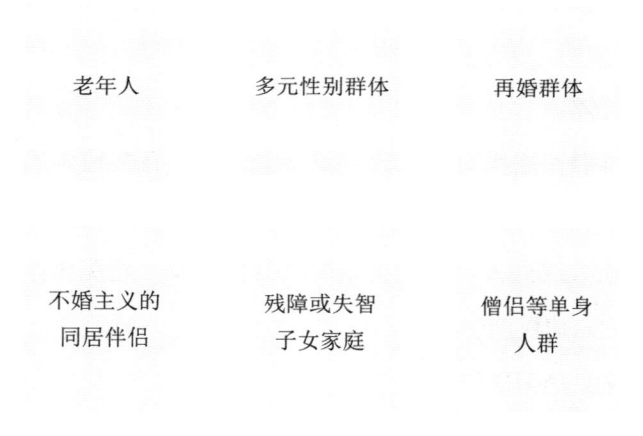

老年人　　多元性别群体　　再婚群体

不婚主义的　　残障或失智　　僧侣等单身
同居伴侣　　　子女家庭　　　　人群

存在意定监护法律需求的人群

1. 老年人

这里，老年人包括：无配偶、无子女的"孤寡老人"；与配偶、子女关系恶化，无人为其养老送终的老人；虽有多个子女，但与其中一个子女同住，与其他子女关系疏远的老人；子女在国外或定居在外地而不在身边的老人。数据显示，老年人是意定监护需求中最主要的群体。随着社会的进步，养儿防老的传统观念逐渐被打破，松散的家庭关系也倒逼诸多条件良好的老年人为自己安排更加完善的养老计划，比如通过意定监护解决失去行为能力时的大病医疗、临终监护问题。

2. 多元性别群体

这个群体包括同居的同性伴侣或是形婚家庭中的多元性别者。目前中国不承认多元性别群体的婚姻效力，即使在外国登记结婚，如果不能满足中国婚姻的登记条件，也没有法律效力。因为不具有配偶权，多元性别群体的伴侣是没有法定监护权利的，但伴侣的确是其最信任的人。意定监护制度为多元性别群体的监护安排提供了更多的选择，甚至在很多人看来，意定监护协议的公证书类似结婚证书，具有宣誓彼此终身托付的仪式感。

3. 再婚群体

大多数再婚家庭因对彼此缺乏足够的信任，在多段婚姻之中生育的子女也往往亲疏有别。所以，这类群体可以通过意定监护将监护权利交给最信任的家人或外人，排除再婚配偶的监护权，避免因婚姻关系复杂而导致未来的监护权产生争议。

4. 不婚主义的同居伴侣

不结婚只恋爱同居的伴侣，因为不缔结婚姻关系，同居伴侣就无法成为法定监护人，因此需要意定监护来授予同居伴侣相应的权利。目前，不婚族人数日益增多，如何保护同居伴侣的权利，是家事法律亟待完善的领域。意定监护至少解决了伴侣对彼此的监护问题。

5. 残障或失智子女家庭

残障或失智的子女无法在父母老去的时候履行监护职责，这类家庭的监护问题可以通过意定监护得以解决。

6. 僧侣等单身人群

僧侣等宗教专职人士，他们的养老、医疗虽然大多由内部人员安排解决，但是这类人群也会有世俗的监护需求，所以可以通过意定监护来实现。

（二）意定监护法律服务的流程与法律文本体系

意定监护制度会在一定程度上冲击法定监护制度。如何从流程设计上提前规避可能发生的风险呢？比如，法定监护权与意定监护权的冲突，签署意定监护协议时双方的行为能力，等等。笔者与团队设计出了以下基础的服务环节与流程，有意定监护需求的读者或从事财富管理工作的同人可以参考。

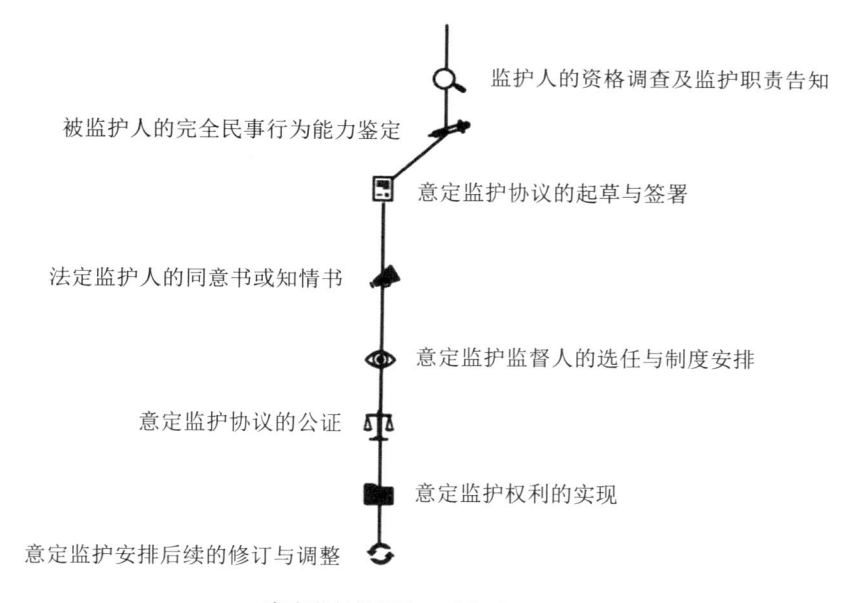

监护人的资格调查及监护职责告知

被监护人的完全民事行为能力鉴定

意定监护协议的起草与签署

法定监护人的同意书或知情书

意定监护监督人的选任与制度安排

意定监护协议的公证

意定监护权利的实现

意定监护安排后续的修订与调整

意定监护的服务环节与流程

1. 监护人的资格调查及监护职责告知

为保障被监护人的权利，委托意定监护前，客户应提前对监护人的实质资格进行调查，为监护人的选任提供决策依据，并在签订意定监护协议前，协助客户提前与监护人进行会谈，告知其作为监护人应履行的监护职责，帮助其详细了解、知悉这份托付的法律权利与义务。

2. 被监护人的完全民事行为能力鉴定

为保证意定监护协议的有效性，建议在意定监护公证前，先协助客户完成民事行为能力鉴定。我们在为客户服务的时候，会向客户说明进行民事行为能力鉴定的必要性以及省略这一环节可能面临的风险。如果客户选择不做鉴定，一般我们会要求客户在风险揭示书中签字声明。

3. 意定监护协议的起草与签署

在这一步，律师根据委托人的意愿及具体情况，为其拟定意定监护协议。笔者前面提到过，现在大多数所谓的意定监护协议过于粗糙、简单，对于很多细节问题，如监护报酬、监护权具体实施（如监护相关费用的支出、报销）、监护人不履行职责的法律责任、人身监护与财产监护各种情况的具体安排、监护权的解除、是否可以转委托监护等事项，都缺乏具体的约定。针对上述这些问题，如果律师不能详细地为客户考虑，那么将来意定监护的安排就可能会产生争议，不利于意定监护的顺利执行。毕竟，意定监护协议是面向未来的安排，是人身与财产的"信"与"托"的安排，意义重大，关乎一个人的后半生。

所以，意定监护协议仅是一个主法律文件，要保证其顺利执行，还有委托人的行为能力鉴定证明、遗嘱安排、遗赠抚养协议安排、信托文件的相关条款、公证文件等一整套法律文书的起草或沟通工作要做。

4. 法定监护人的同意书或知情书

为防止意定监护与法定监护的权利产生冲突，在完成意定监护协议签署的同时，笔者建议视情况起草并协助客户获得法定监护人签署的同意书或知情书。这样的安排虽不是必要的，但是会大大降低未来对意定监护的挑战的风险。当然，是否需要预先告知或取得法定监护人的同意，要尊重客户的选择。比如，上述案例中杨老太的意定监护安排，就是在全部子女参与的情况下确定各种法律文本的。

5. 意定监护监督人的选任与制度安排

为了有效维护被监护人的利益，律师会配合被监护人选择意定监护监督人，并通过相关法律文件赋予监督人对意定监护进行监督的权利，且在监护人侵犯被监护人的利益时，撤销意定监护人的监护资格。

6. 意定监护协议的公证

律师为客户提供公证办理指引，协助客户完成协议公证手续，最大限度地确保意定监护协议的有效性及合法性，合理排除其他人提出的非法异议。

7. 意定监护权利的实现

在被监护人失去行为能力或失智时，律师可以代理相关当事人向法院申请认定被监护人为无民事行为能力或者限制民事行为能力人，并确认意定监护人的监护资格，或向公证机关申请办理监护人资格公证，然后根据意定监护协议，履行监护责任。

8. 意定监护安排后续的修订与调整

在意定监护的制度层面，法律应当有具体的规定，政府与社会应当有制度、组织的配套及社会资源的支持。在这些"背景"都完善之前，律师应把现有条件下自己能为客户想到的先做好，也就是制定好"1.0版本"，并在文本上留有修订的余地。今后，随着制度的发展与完善，再对文本进行调整、升级。

我认为，只是起草一份监护协议、帮助客户办理公证手续，并不能保证客户的愿望顺利实现，而提供尽可能全面、动态的服务流程和配套的法律文件，才有可能真正满足客户的需求。做有关意定监护的法律服务，需要律师有强烈的责任心和使命感，还需要律师有一颗帮助客户增加人生幸福感的真心。

（三）意定监护法律服务市场生态共建

在提供专业家事法律服务的过程中，律师应当比客户看得更长远，想得更周到。唯有方案的制定谨慎、周延，方案的实施才能圆满、顺利。当然，要做好意定监护的法律服务，仅靠律师一个人是不够的，或者说力量太单薄。笔者团队在为形形色色的客户提供家事法律服务时，逐渐搭建了私人财富家事法律服务合作生态系统。以意定监护为例，具体的服务生态体系如下图所示。

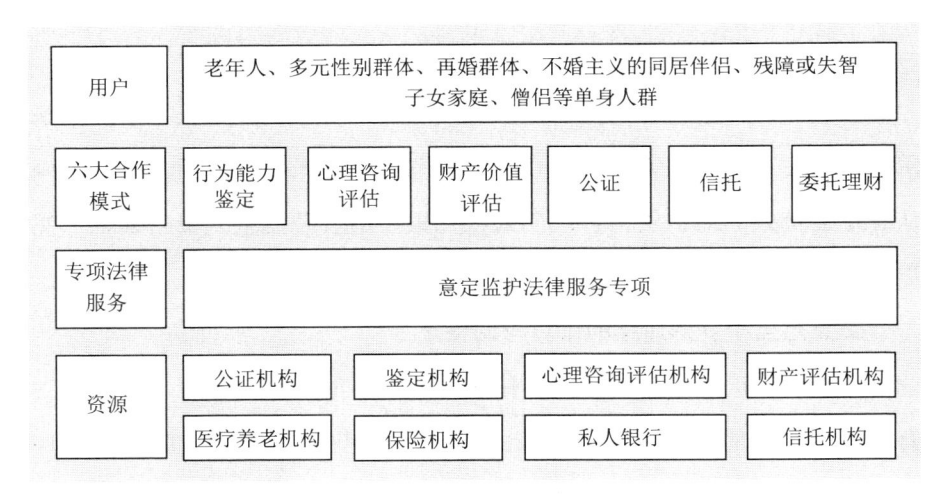

用户	老年人、多元性别群体、再婚群体、不婚主义的同居伴侣、残障或失智子女家庭、僧侣等单身人群					
六大合作模式	行为能力鉴定	心理咨询评估	财产价值评估	公证	信托	委托理财
专项法律服务	意定监护法律服务专项					
资源	公证机构	鉴定机构		心理咨询评估机构		财产评估机构
	医疗养老机构	保险机构		私人银行		信托机构

意定监护服务生态体系

1. 与公益组织合作，进行意定监护理念教育

很多人有意定监护的需求，却不知道该如何去做。为了改变这种信息不对称的情况，笔者团队一直在有针对性地进行意定监护知识的普及和推广，目前已和服务于多元性别群体、老年人保护、自闭症患者等的相关机构合作进行法律公益讲座，让有需求的人找到解决方案。

2. 与鉴定机构、公证处、信托公司合作，为意定监护提供矩阵服务

由于意定监护是依靠协议安排的，所以存在法律上的挑战，比如委

托人（被监护人）设立监护时的行为能力确定、监护协议的效力、监护费用，以及被监护人的医疗、护理费用的支出安排与监督。这些问题仅靠一纸协议，其保护效力是不够的。为了解决客户之忧，我们与长期合作的公证处、信托公司等机构建立了密切的合作模式，在完成协议公证、监护费用安排与监管等环节，与合作机构一起为客户提供矩阵服务，为客户的意定监护安排开设"绿色通道"。

3. 与法律共同体共同探索意定监护的挑战与应对

虽然意定监护制度在《民法典》中只有寥寥数语，却是家事安排中的一项复杂的服务事项，很多法律要素需要细化，主要包括：

（1）监护人履行职责靠自觉还是靠制度，如何建立社会监督机制？

如果意定监护人不是被监护人的近亲属，而是其他自然人或组织，没有血缘关系，那么在漫长的监护期限内，当被监护人年老体衰或失智失能时，如何保证监护人能够依旧忠诚勤勉？如何对监护人进行激励与约束？……诸如此类的细节问题，目前都没有详细的法律规定，需要整个法律界共同探讨、共同推进意定监护制度的实操机制，使之更加完善，确保立法目的真正落到实处。

（2）对意定监护人如何进行激励与约束，如何保证其合法监护权？

对于监护人是否可以收取报酬、进行有偿监护，目前法律没有规定。但是从人性和激励的角度出发，可以考虑在意定监护协议中约定监护报酬，作为监护人受托支付医疗、护理费用的保障；也可以结合遗赠抚养协议、家庭信托家事管理条款、遗嘱遗赠条款等相关法律文件，落实意定监护人的激励制度、监护过程中产生的被监护人费用的付费授权等法律问题。

（3）如何处理意定监护人与法定监护人的监护权冲突？

比如C先生的案例。他的理念与父母的理念存在巨大的冲突与代际沟壑。即使他低调地安排意定监护，一旦监护事项发生，父母作为法定监护人否认意定监护人的资格，干扰其行使监护权，那么在争议过程中，意定监护人是否有权继续履职？如何排除法定监护人的干扰（比如，给医院、养老院施加压力）？这也是需要聚集全社会的力量与智慧来解决的问题。

我想说，意定监护只是法律服务市场的一朵小小的"浪花"，并非重大疑难法律服务。但是，我们关注这个领域并积极推动它的产品化，是希望根据我们在私人财富家事服务的丰富经验，来实现客户的每一个现实需求；同时，作为法律人，我们有义务去推动立法者的善意在现实世界落地开花。

第四节 《民法典》"璞玉"遗嘱信托，应对私人财富传承的复杂性

《民法典》的出台，体现了法律对公民日常生活变化的关注——意定监护制度关注了老年群体的生活保障问题，居住权制度关注了无房群体的居住利益保障问题。其中，继承编新增的遗嘱信托制度，就关注了公民继承日渐复杂的趋势，并做出了立法回应。在《民法典》新规下，遗嘱将不再仅仅是公民继承中的单一财富分配文件，而是一种框架性的工具集合。

《民法典》正式将遗嘱信托确定为一项财富传承工具，不仅提高了公民财富传承的灵活性，还解决了在传统的遗嘱传承中关注不到的一些问题。笔者将在本文详细介绍我国的遗嘱信托制度。

一、家族财富传承新工具之遗嘱信托

《民法典》在继承编"遗嘱继承和遗赠"一章中，新设了之前在《中

华人民共和国继承法》（以下简称《继承法》）[①]中没有规定的遗嘱信托制度，具体体现在第一千一百三十三条第四款："自然人可以依法设立遗嘱信托。"即便这个制度在《信托法》中有所提及，但在《民法典》出台前，大部分读者对此还是比较陌生的。

根据《信托法》的规定，信托是指委托人基于对受托人的信任，将其财产委托给受托人，由受托人以自己的名义，为受益人的利益或者特定目的，进行管理或者处分的行为。作为信托的下位概念，遗嘱信托是指遗嘱人（信托委托人）通过遗嘱设立信托关系，由遗嘱指定的受托人根据遗嘱人的目的，以受益人的利益为目标管理信托财产。

在我国，遗嘱信托虽然在《信托法》中早有规定，但一直像被隐藏的"璞玉"一样未能焕发应有的光彩。随着社会对信托在财富传承中的作用的认识逐步深入，这块"璞玉"才被纳入《民法典》，成为一种财富传承的新工具。

1. 私人财富传承需求的增加，使得遗嘱信托制度入典

随着社会发展过程中个人财富的不断累积、遗产规模的不断扩大，公民的财富传承需求也随之增加。这种需求的增加体现在：人们逐渐不满足于财富的一次传递，开始注重财富的身后规划，即如何在身后实现财富的保值与增值，使得自己在生前积累的财富能够最大限度地造福于后代。也正是基于这种需求，遗嘱信托从《信托法》中的一种信托订立形式，正式被纳入《民法典》，成为一项财富传承制度，走进人们的生活。

《民法典》
第一千一百三十三条第四款　自然人可以依法设立遗嘱信托。

[①] 自 2021 年 1 月 1 日起，《民法典》正式施行，《民法典》继承编取代《继承法》。

《信托法》

第八条第一款　设立信托，应当采取书面形式。

第八条第二款　书面形式包括信托合同、遗嘱或者法律、行政法规规定的其他书面文件等。

第十三条　设立遗嘱信托，应当遵守继承法关于遗嘱的规定。

遗嘱指定的人拒绝或者无能力担任受托人的，由受益人另行选任受托人；受益人为无民事行为能力人或者限制民事行为能力人的，依法由其监护人代行选任。遗嘱对选任受托人另有规定的，从其规定。

2. 遗嘱信托制度可在一定程度上弥补现有传承模式的不足

由于公民财富的种类越发丰富，遗产继承问题也变得更加复杂。传统的遗嘱继承方式逐渐暴露出其局限性——一次性分配、无法满足动态传承需求、无法实现收益权与所有权的分离等，都使得公民的财富传承需求得不到满足。遗嘱信托制度的确立在一定程度上弥补了这种不足，信托制度与遗嘱制度的结合赋予了当事人处分财产的灵活性，也在一定程度上起到了规避遗产继承纠纷的作用。

3. 我国遗嘱信托制度的搭建可借鉴国外的经验

遗嘱信托制度起源于英国，最初受托人为自然人，信托财产一般为土地。之后，遗嘱信托传入美国，经历了第二次工业革命后，在美国飞速发展为商业信托，受托人也由个人变为机构。遗嘱生效后，遗嘱执行人依照生效的遗嘱将财产交付给受托人，开始执行遗嘱信托。日本借鉴了美国的经验，创新发明了"遗嘱代用信托"。它可以在委托人生前进行变更和撤销，也可以指定多个连续的受益人，比传统的遗嘱信托更加灵活、简便。笔者认为，我国的遗嘱信托制度还处于摸索阶段，学习、借鉴外国的经验并兼顾我国国情，会更有利于该项制度在我国落地。

二、遗嘱信托与一般的家族信托的区别

其实,现行法律并没有给"家族信托"下定义,它是财富管理领域约定俗成的一类信托。家族信托的委托人往往为一人,受益人通常是家族成员,信托目的一般是家族财富传承或婚姻、家庭债务风险隔离等家庭财富安排。遗嘱信托和家族信托都属于信托法律关系,都需要符合《信托法》的规定。信托法律关系的必要当事人有三个,分别是委托人、受托人以及受益人。在遗嘱信托中,委托人就是遗嘱人,是遗嘱信托法律关系的启动者,也是遗嘱信托的目的制定者。与之相对的是受托人,其职责是按照委托人的意愿,对遗产进行管理、运用并向受益人分配收益。受益人是遗嘱信托产生利益后的利益享有者,受益人自遗嘱信托生效之日开始享有遗嘱信托受益权。

遗嘱信托虽然具有一般民事信托的属性,需要遵守《信托法》关于一般民事信托的规定,但在以下方面与一般的家族信托存在区别,如下表所示。

项目	遗嘱信托	家族信托
信托生效	以遗嘱人的死亡事实为生效节点	信托合同签订并将信托财产交付
签订方式	以遗嘱为文本	信托合同
债务隔离	遗产仍然要优先偿还债务、缴纳税款	信托财产独立于委托人和受托人
受托人的选择	自然人、信托公司	信托公司
信托设立的确定性	不一定最终能成功设立信托(如遗嘱效力纠纷或财产不确定)	只要不存在《信托法》规定无效事由,信托就成立

三、遗嘱信托制度在财富传承中的优势与不足

一个制度的启动,必然有其适应社会发展的优势。不过,遗嘱信托制度目前远未达到完美的程度。

1. 遗嘱信托制度的优势

(1)对财产的保护功能

遗嘱信托的第一个优势在于对财产的保护功能,主要体现在两方面:一方面,以遗嘱信托的方式进行传承,被继承人完全可以将遗嘱信托设置为分期、分事由、按条件地长期对遗产进行分配,这在一定程度上可以避免后人挥霍财产、养成不良生活习惯。另一方面,设立了遗嘱信托的遗产实质上是信托财产,由于信托财产具有一定的独立性,不仅独立于继承人,也独立于受托人,这就减少了因继承人或受托人的原因对遗产造成损失的可能性。

(2)保护弱势继承人

遗嘱信托的第二个优势在于保护弱势继承人。在传统的遗嘱继承中,无民事行为能力和限制民事行为能力的继承人,如未成年的子女,往往没有对遗产的处分能力,大多数情况是将分得的财产交给监护人作为其日常的必要开支。这样一来,就会使得恶意监护人有利可图,存在侵占、转移或挥霍继承人财产的风险。遗嘱信托制度很大程度上解决了这个问题,委托人可以通过设立遗嘱信托,为弱势继承人量身定制财产管理安排。

(3)财富的保值与增值

遗嘱信托不仅实现了财富的管理与规划,它还有第三个重要优势,就是有利于实现财富的保值与增值。这种优势源自信托机构在理财方面的专业性。比如资金信托,受托人可以针对信托财产进行组合投资,从

而实现信托财产的增值。同时，委托人还可以在遗嘱中约定受托人自己或者聘用职业经理人去经营家族企业或者管理家族财产，来实现家族企业的持续经营、家族财富的持续增值。

2. 遗嘱信托制度的不足

然而，遗嘱信托目前只在《民法典》《信托法》中有原则性的规定，现实中要适用可能会面临以下问题。

（1）遗嘱与遗嘱信托成立时间存在矛盾

我国《信托法》第八条规定："采取信托合同形式设立信托的，信托合同签订时，信托成立。采取其他书面形式设立信托的，受托人承诺信托时，信托成立。"根据遗嘱信托以遗嘱作为设立信托的书面文件这一性质，其应该在受托人承诺信托时成立。但是，遗嘱信托的设立以遗嘱为载体，遗嘱属于单方民事法律行为，其成立不需要得到他人的承认，遗嘱的生效节点为被继承人死亡时。因此，遗嘱信托的成立不仅需要订立遗嘱，还需要遗嘱指定的受托人完成承诺信托环节，否则极有可能在未来产生遗嘱信托效力纠纷。

（2）信托财产登记制度不完善

我国《信托法》第十条规定："设立信托，对于信托财产，有关法律、行政法规规定应当办理登记手续的，应当依法办理信托登记。"未登记也未补办登记手续的，该信托不产生效力。但是在实践中，遗嘱信托财产登记制度存在以下挑战：一、是否能够依据尚未生效的遗嘱办理信托财产登记；二、遗嘱信托的受托人有可能是自然人，如何解决遗嘱信托所涉财产登记在自然人名下的问题。目前，我国还没有可供执行的遗嘱信托财产登记细则，需要完善信托财产登记制度，为遗嘱信托的落地做好准备。

（3）遗嘱的效力会影响遗嘱信托的设立

由于设立遗嘱信托需要参照《民法典》关于遗嘱效力的规定，所以，当遗嘱本身的效力存在瑕疵时，遗嘱信托的效力也就相应地会受到质疑。因此，在设立遗嘱信托时，一定要关注遗嘱是否符合相关规定，是否存在无效的情形。在美国，遗嘱发生效力前，要经过法院认证，以确保效力，这种前置程序值得我们学习和借鉴。

四、律师建议

《民法典》的生效使得未来遗嘱信托将会更多地被运用，笔者针对遗嘱信托的设立提出以下建议。

1. 遗嘱不再是简单的法律文件，而是一种传承安排，应聘请专业人士起草

未来订立遗嘱不再是简单的"分钱"了事，而是复杂的传承安排，涉及遗产管理人指定、遗嘱信托设立等复杂环节。伴随着公民财产种类和数量的增加，遗嘱继承也将呈现逐渐复杂化的趋势。因此，聘请律师来拟定遗嘱，将成为未来公民订立遗嘱的标准动作。律师可以为客户提前规划遗产的处分方案，选任合适的受托人、遗嘱执行人，分析潜在的法律风险，从而保证遗嘱的有效性以及遗嘱信托的成功设立，为客户解除身后之忧。

2. 建议遗嘱人指定信托监督人

遗嘱信托区别于一般的民事信托，因为委托人（已故）无法监督遗嘱信托的执行情况。因此，监督人在信托执行中发挥着重要的作用，致力于防止受托人滥用权利侵占信托财产。因此，建议遗嘱人提前指定具备专业知识且态度中立的监督人，切实保障受益人获得信托利益，信托

的执行能够按照委托人的生前意愿稳定进行。

3. 多维度进行财富传承安排，全面保障实现遗嘱人的意愿

高净值人士所拥有的财产种类往往比较复杂，包括不动产、动产、股权、知识产权等，要想将这些财产顺利地传承给下一代有一定的难度。因此，笔者建议遗嘱人多维度地对自己的财富传承进行规划，包括但不限于使用遗嘱信托、家族信托、意定监护、大额保单等财富传承工具，以满足自己的财富传承需求。

遗嘱信托制度被写入《民法典》，不仅加深了国民对于信托制度的认识，也促使了财富管理机构、律师等专业人士在遗嘱信托制度上的精耕细作。这不仅是立法者对公民财富传承需求的关注，更是对每个家族企业的延续与发展的充分关怀。当遗嘱遇上信托，逝者多了一种安心，国民的财富传承多了一层保障。虽然目前遗嘱信托制度仍不完善，但不可否认的是，这将是私人财富领域亟待雕琢的一块"璞玉"。

第五节　从何氏家族传承看《民法典》中的新制度——遗产管理人制度

2020年5月26日,一代"赌王"何某某去世,享年98岁。何某某是澳门地区——的传奇人物,把持澳门博彩业近50年,生前担任大陆及港澳台诸多公司的股东及高管,其中包括澳门博彩控股有限公司(已上市)。何某某的商业帝国涉及地产、交通运输、酒店、投资、旅游、金融、能源、科技、体育等领域,家业之庞大,直至今天,对其背后的巨额财富,外界也并未能窥得全貌。媒体仅通过何某某旗下的上市公司以及其他企业等估算,其控制的资产就高达5000亿港元。

何某某共有四房太太,为其生育子女16名。由于何氏家族成员众多、关系复杂,在"赌王"去世前,第二代对于家产的争夺就已十分激烈。因此,对于这样的富豪家族来说,如何有智慧地规划家族财富传承尤为重要:一方面,家族资产体量庞大,类型复杂;另一方面,家族成员人数众多,关系复杂。资产的分配与继承,不仅要考虑到家族成员的关系,还要考虑到企业发展的延续,是一件非常考验创始人能力与智慧的事情,稍有不慎就会埋下家族纷争的隐患。

我们相信何某某对于庞大家产的生前身后分配,已经做了深思熟虑的安排。遗嘱、信托、保险、家族基金等都是常见的传承工具,但是仅有工具是远远不够的。要想有效达成家族传承的目标,尤其是在有控制力的掌门人过世后,如何顺利落实传承方案,除了要考虑传承工具,还要考虑人的因素——比如遗嘱执行人的安排、家族信托的监察人或保护人的安排、家族治理中家族委员会成员的安排……在家族治理及传承中,人是一种不可或缺的资源。只有人与工具一起构成传承系统,才能共同推进传承目标的达成。

何氏家族传承方案的实施,委托何人或哪个专业团队来进行,我们不得而知。不过,笔者认为其中不可或缺的角色是遗产管理人。接下来,我们就来谈谈遗产管理人在传承中的重要作用。

一、遗产管理人制度的背景

与英美法系国家普遍有遗产管理人制度不同,在《民法典》生效之前,中国大陆并没有完善的遗产管理人制度。我们先来看两个案例。

> 2007年,相声表演艺术家侯某某因突发心脏病离世,但由于生前没有订立遗嘱,导致继承人之间关于遗产问题争论不休。由于侯某某去世后,由其哥哥等人料理后事,并实际掌握遗产和相关证件,且在继承开始的两年里,他们并没有让侯某某的法定继承人清点遗产和封存遗物,引起后者的极大不满。最终导致:(1)遗产范围不清楚,继承人对继承份额有争议;(2)侯某某的法定继承人认为伯父等人随意处分遗产,侵害了其继承权。

香港著名女富商龚某某因病去世，留下巨额财产。在她去世后的几天里，出现了两份遗嘱：一份是在2002年订立的，约定由龚某某与其丈夫设立的慈善基金进行遗产管理；另一份由其风水师陈某某持有，声称遗嘱的内容是将遗产赠与自己。因两份遗嘱的内容完全不同，导致无法确定继承人。2009年，香港高等法院审理此案，在审理过程中，法院暂定遗产管理人人选，由其暂时管理龚某某遗产，并在法院确定了有效遗嘱后，由遗产管理人将剩余遗产交付给继承人。

在侯某某的遗产继承过程中，因为当时没有完善的遗产管理人制度，造成继承遗产范围不确定，遗产的实际占有人涉嫌恶意侵占、转移，不交付遗产给继承人，导致继承人的继承权不能实现，债权人的债权无法被清偿。在龚某某的遗产继承纠纷案件中，两份遗嘱真假难辨，导致继承人不能明确。但香港地区已经有较为完善的遗产管理人制度，便可以在继承人不能明确的时候，为保护遗产，由香港法院根据当事人的申请，确定遗产管理人。遗产管理人履行职责时，可以清点遗产、代为处理外部债权债务等事项，待继承人确定后，遗产管理人再将剩余遗产交付给继承人。

通过上述两个案例，我们不难看出，即便因继承人或者遗产范围不明，而使得继承开始后的一段时间内，遗产处于悬而未决的状态，遗产管理人制度也能很好地保护遗产并进行遗产分配，避免遗产在争讼过程中被恶意侵占或造成流失、毁损。

遗产管理人制度，是指在继承开始后、遗产交付前，有关主体依据法律的规定或有关机关的指定，以维护遗产价值和遗产权利人合法利益为宗旨，对被继承人的遗产实施管理、清算的制度。顾名思义，在遗产管理人制度中，遗产管理人是接管、保全、清算、分配遗产的管理主体，其对整个遗产管理程序的有效进行具有决定性作用。

随着社会的快速进步、经济的迅猛发展，近年来，我国公民的财富种类日益丰富，财产数额与范围也逐渐扩大，以致继承案件呈现多样化和复杂化的特点。同时，我国人口老龄化日趋严重，关于遗产如何合理分配的问题也更加受到重视。另外，据统计数据显示，我国每年非正常死亡人数达几百万人之多。这种毫无征兆的死亡，导致遗留下来的财产处理问题相当困难和复杂。再加上我国民众的继承观念深受传统思想的影响，绝大部分情况下是在父母双方都去世后才会对父母的遗产进行分割。因此，在父母一方死亡至另一方去世前，存在一个很长的遗产处分"空窗期"，这难免会存在遗产被侵害或损害的风险，造成继承人利益损失。

早先在《继承法》中尚无系统、完善的遗产管理人制度，但根据《继承法》第十六条、第二十四条和第三十二条以及《最高人民法院关于贯彻执行〈中华人民共和国继承法〉若干问题的意见》第四十四条的规定，关于遗产处理和保管的方式主要有以下三种：（1）遗嘱执行人制度；（2）遗产保管人制度；（3）无人继承的遗产归国家或集体组织所有。但相关法律和司法解释仅原则性地规定了遗产执行和遗产保管的部分内容，缺乏对遗产管理的启动、遗产管理人选定、遗产管理费用和报酬、遗产管理终止等内容的详细规定。

在这样的背景下，2021年开始施行的《民法典》中，第一千一百四十五条至第一千一百四十九条新增了遗产管理人制度，对遗产管理人的资格、选定、职责、报酬等内容做出了明确规定。这一制度的出现，能够帮助解决我国愈演愈烈的继承纠纷问题，为家族财富的传承提供法律依据和制度支持。

《民法典》

第一千一百四十五条 继承开始后,遗嘱执行人为遗产管理人;没有遗嘱执行人的,继承人应当及时推选遗产管理人;继承人未推选的,由继承人共同担任遗产管理人;没有继承人或者继承人均放弃继承的,由被继承人生前住所地的民政部门或者村民委员会担任遗产管理人。

第一千一百四十六条 对遗产管理人的确定有争议的,利害关系人可以向人民法院申请指定遗产管理人。

第一千一百四十七条 遗产管理人应当履行下列职责:

(一)清理遗产并制作遗产清单;

(二)向继承人报告遗产情况;

(三)采取必要措施防止遗产毁损、灭失;

(四)处理被继承人的债权债务;

(五)按照遗嘱或者依照法律规定分割遗产;

(六)实施与管理遗产有关的其他必要行为。

第一千一百四十八条 遗产管理人应当依法履行职责,因故意或者重大过失造成继承人、受遗赠人、债权人损害的,应当承担民事责任。

第一千一百四十九条 遗产管理人可以依照法律规定或者按照约定获得报酬。

二、《民法典》中的遗产管理人制度

法律对人的影响贯穿生死。对于一个人来说,生命的结束并不意味着其在世界上的所有痕迹的消失,处理好自然人的身后财产,是一国继承制度的重要内容。《民法典》创设遗产管理人制度，使得我国继承制度更加系统和完善。在未来，遗产管理人将是中国人遗产继承中不可或缺的角色。

《民法典》第一千一百四十七条规定了遗产管理人的六大职权，这些职权反映了遗产管理人聚拢、管理、保护和分配被继承人财产的角色定位。

1. 清理遗产并制作遗产清单

清理遗产是为了确立遗产的范围。遗产管理人应收集并清点其有权管理的积极遗产①，包括但不限于动产和不动产、货币财产、无形资产、对外债权、对外投资、依法可以追回财产的状况、债务人与相对人未履行完毕合同的情况等。就消极遗产而言，主要是指被继承人的债务。遗产管理人清理遗产并制作遗产清单，可以有效地保证遗产的详尽、完整，确保遗产安全，同时为解决被继承人生前的债务纠纷提供依据。

2. 向继承人报告遗产情况

遗产管理人在清理并制作完遗产清单后，要具体、如实地向继承人报告遗产情况，以便继承人了解被继承人的财产情况，保证继承的公平公正。并且，遗产管理人在报告遗产情况时，要依法查明继承人的范围，不能遗漏部分继承人。

3. 采取必要措施防止遗产毁损、灭失

遗产管理人对被继承人的遗产应尽妥善保管的义务。实际生活中，被继承人死亡后，继承人可能不会立刻进行遗产的分割。因此，从被继承人去世到遗产分割前，遗产管理人要负责保护和维持遗产的现状，防止遗产毁损、灭失。例如，对于房屋的修缮和租赁，对于遗产中存在生

---

① 积极遗产，即能够给继承人带来财产利益的遗产；消极遗产，即被继承人的债务。

鲜易腐货物的变卖处理，以及对于现金、有价证券等的保价处理，等等。

4. 处理被继承人的债权债务

被继承人去世后，其生前所负债务并非随之一起消灭。根据法律规定，在分割遗产前，要在其遗产范围内优先清偿税款和债务。同理，被继承人去世后，也不意味着其生前所享有的债权消灭，此时被继承人的债权也是遗产的一部分，应予以确定并分配。这些是遗产分割的重要内容，也常常成为遗产继承纠纷中的焦点，因此也是遗产管理人的重要职责之一。

5. 依照遗嘱或者依照法律规定分割遗产

遗产分割，一般是遗产管理人职责程序中的最后一步。遗产管理人应当先查明被继承人是否留有遗赠抚养协议、遗嘱或遗赠协议等。若存在上述情形，并且协议合法有效，则应按照上述协议进行分割；若不存在上述情形，则按照法定继承分割。如果是无人继承的遗产，则依据《民法典》继承编第一千一百六十条的规定进行处理，归国家或者所在集体所有制组织所有。

6. 实施与管理遗产有关的其他必要行为

这是一项兜底的职责规定，立法赋予遗产管理人必要的职权，可以使其更好地管理遗产，保护继承人的权益，同时，也为确立遗产管理人的诉讼资格提供了一定的法律依据。笔者认为，在此兜底条款的基础上，可将"诉讼"理解为"其他必要行为"，以此来代为实施诉讼行为。比如，在确定被继承人债权时，遗产管理人可以以继承人的代理人的身份提起或参加与遗产有关的诉讼。

《民法典》在对遗产管理人职责进行规定的同时，也对其应承担的相应民事责任做出了规定。《民法典》继承编第一千一百四十八条规定："遗产管理人应当依法履行职责，因故意或者重大过失造成继承人、受遗赠人、债权人损害的，应当承担民事责任。"由此可见，遗产管理人承担民事责任的前提有两个：一是违反法定职责，对继承人、受遗赠人、债权人造成损害；二是存在故意或者重大过失。根据上述条文的构成要件可以看出，遗产管理人承担的民事责任属于侵权责任，而非违约责任。因此，遗产管理人侵权时，继承人、受遗赠人或债权人有权请求遗产管理人承担损害赔偿责任。

三、遗产管理人与遗嘱执行人的关系

在《民法典》颁布之前，我国的《继承法》中并未有"遗产管理人"的表述，仅在第十六条第一款简单规定了"遗嘱执行人"。从法律和实践中来看，遗产管理人和遗嘱执行人的地位和职责具有一定的相似之处，但二者仍有区别，见下表[①]。

项目	遗产管理人	遗嘱执行人
适用范围	不以遗嘱为必要前提，适用于法定继承或遗嘱继承	以有效遗嘱为前提，适用于遗嘱继承
产生方式	依照法律规定，由遗嘱执行人担任或继承人推选、共同担任或法院指定产生	遗嘱执行人一般由被继承人指定
行为依据	遗产管理人在无遗嘱时，依法律规定管理遗产；在有遗嘱而无遗嘱执行人时，依照遗嘱和法律规定管理遗产	依遗嘱和法律规定管理遗产
权限范围	通常大于遗嘱执行人，除法律规定的权利限制以外，几乎不存在其他限制	受到遗嘱内容和遗产管理人职责的双重限制

[①] 王葆莳，吴云焕.《民法典》遗产管理人制度适用问题研究[J]. 财经法学，2020（06）：51-66.

四、遗产管理人的三种设立模式

从法律规定来看，遗产管理人的产生顺序为：遗嘱人指定遗嘱执行人——继承人推选——继承人共同担任——被继承人生前住所地的民政部门或村民委员会。其设立模式主要有三种，见下表。

设立模式	产生方式	法律依据
被继承人意定	被继承人指定的遗嘱执行人为遗产管理人	《民法典》第一千一百四十五条：继承开始后，遗嘱执行人为遗产管理人；没有遗嘱执行人的，继承人应当及时推选遗产管理人
根据法律规定产生	继承人推选遗产管理人；继承人未推选的，由继承人共同担任遗产管理人；没有继承人的，由民政部门或者村民委员会担任遗产管理人	《民法典》第一千一百四十五条：继承人未推选的，由继承人共同担任遗产管理人；没有继承人或者继承人均放弃继承的，由被继承人生前住所地的民政部门或者村民委员会担任遗产管理人
法院指定	利害关系人可以向人民法院申请指定遗产管理人	《民法典》第一千一百四十六条：对遗产管理人的确定有争议的，利害关系人可以向人民法院申请指定遗产管理人

从上述三种设立模式来看，由被继承人指定的遗嘱执行人为遗产管理人，实质上最能体现被继承人生前对遗产分配的意愿，同时也更能发挥遗产管理人制度的作用。这也是《民法典》将遗嘱执行人作为第一顺序遗产管理人的原因。由继承人推选遗产管理人或由继承人共同担任遗产管理人，在某些情况下，可能出现意见难以统一、家族内部为利益相互争夺的情况。这无疑会加剧家族内部的矛盾，造成内耗，同时也违背

了遗产管理人制度设立的初衷。法院指定模式,是对前两种模式的补充,同时也是对出现家族内部争议无法化解的情况的一种妥协。

从《民法典》对遗产管理人的规定来看,遗产管理人制度具有强制性,这一制度并不以被继承人生前的意愿为前提,即一旦被继承人死亡,遗产管理人的履职就按照法律的规定开始启动。这一制度与每一个家庭的继承息息相关。因此,在了解法律规定的三种遗产管理人设立模式后,笔者建议,如果要避免发生被继承人死亡后的遗产分配纠纷与损失,就要提前规划,被继承人生前可通过自主选择的方式来设立遗产管理人。

五、由专业人士担任遗产管理人的优势

如今,被继承人的私人财富呈现数额较大、种类繁多、形式多样的趋势,甚至可能存在对外债权或未清偿债务,这使得遗产管理人不但要有责任心,还要有一定的专业知识。虽然《民法典》对于遗产管理人的范围没有强制规定,但是笔者建议在遗嘱中或继承发生后,委托专业人士作为遗产管理人,这样更有利于保障各方权利人的合法利益。

1. 遗产继承的效率更高

当财产状况越发复杂时,对于遗产的分割,所涉及的将不再是单一的继承法律关系,还可能涉及公司法、合同法、知识产权法、信托法、保险法等多领域法律关系,甚至涉及境外法律适用和法律程序。因此,通过委托专业人士进行遗产管理,遗产的分割将会有更明晰的时间进度,各种法律关系也能得到及时、准确的认定与应对,从而使遗产得到高效、有序的处理。

2. 更容易发现问题、解决问题

委托专业人士比继承人自己来处理继承纠纷更能"对症下药"。如委

托律师作为遗产管理人，那么律师在涉及遗产范围无法确定或遗产可能遭受毁损、灭失、侵吞等问题时，可及时调取相关证据，并采取恰当的法律保护措施。

3. 更加客观中立，有利于定分止争

相较由继承人中的一名或多名作为遗产管理人，第三方专业人士不属于遗产受益人中的任何一方，地位中立，对遗产的分割更加公平合理。专业人士相对超然的地位，使之更容易调停矛盾，有利于被继承人的遗产分配方案尽快实施。

随着中国民间财富大量积累、财富种类日益繁多、婚姻家事情况越来越复杂，中国人的继承也会越来越"麻烦"。《民法典》规定遗产管理人制度，也是对继承日益复杂这一状况的及时回应。一个好的传承安排，不但要有工具，还要提前合理安排管理人、保护人、监察人。人与人之间的托付，是"信任"的应有之义。

第六节　城镇户籍的子女有权继承农村宅基地，这条新规激起浪几层

笔者曾接待过一位王先生。王先生自述：他从小在农村长大，一直以为父母没有什么财产可供他继承。但是，随着一个新规的出台，他发现，他似乎可以继承一笔不小的财产，但目前存在一定的法律问题……

原来，王先生的父亲是农村户口，在北京市通州区有一片宅基地，但早在20年前，父亲就把宅基地自住房以23万元的价格卖给了城市居民齐先生。此前，王先生一直想的是，反正老房的宅基地也无法继承给非农业户口的自己，卖了也无妨，还能赚一笔钱补贴家用。但是就在不久前，王先生发现自己居然能继承农村老房并过户。这源于一个重要的新规的出台——自然资源部对"第十三届全国人大第三次会议第3226号建议"作出明确答复：农民的宅基地使用权可以依法由城镇户籍的子女继承并办理不动产登记。此时，问题就出现了。在寸土寸金的北京，20年前以23万元卖出的房子，如今价格早已翻了十几倍，于是王先生咨询笔者：能否以主张买卖合同无效的方式，达到让父亲拿回房产，进而自己继承房屋的目的呢？

这个问题其实不好回答，笔者来为大家分析一下。首先，从买卖合同的方向出发：宅基地自住房是否允许买卖→买卖后合同效力如何认定→买卖合同确认无效后，购房人房财两空该何去何从→买卖宅基地自住房的风险评估问题。其次，从新规适用的方向出发：新规出台后会给宅基地自住房的继承带来怎样的变化→城镇户籍的子女继承父辈宅基地有哪些限制和注意事项→城镇户籍的子女继承后应当如何办理过户……

王先生咨询的问题是一个热点，在新规出台后，极有可能涌现大量的同类案件。接下来，笔者就对此为大家进行详细的分析。

一、宅基地自住房是否允许买卖

王先生的父亲拥有的土地属于宅基地性质。什么是宅基地？宅基地就是国家为解决农民住房问题，拨给农户建造房屋用的土地，可以说是一项惠农政策。同时，这也意味着农户对宅基地只享有使用权，宅基地所有权属于农村集体经济组织。根据法律规定，在征得宅基地所有权人同意的前提下，农户可向本集体经济组织内部的农户转让宅基地。但是本案中，齐先生为城市居民，显然和王先生的父亲不属于同一个集体经济组织，因此这一转让行为不符合法律规定，应属无效。

《国务院办公厅关于加强土地转让管理严禁炒卖土地的通知》
二、加强对农民集体土地的转让管理，严禁非法占用农民集体土地进行房地产开发

…………

农民的住宅不得向城市居民出售，也不得批准城市居民占用农民集体土地建住宅，有关部门不得为违法建造和购买的住宅发放土

地使用证和房产证。

……………

二、卖方是否可以主张宅基地自住房买卖合同无效

如本案这种情形，农民的自住房卖给了城市居民齐先生，买卖合同的当事人应当如何主张合同无效？能否得到法院的支持呢？

案例

案号：（2016）沪 0115 民初 27612 号

审理法院：上海市浦东新区人民法院

案情简介：涉案房屋为在宅基地上建造的房屋，经过两次合法继承后，由徐某英、余某志、张某铭三人共同所有。2015 年 8 月，徐某英、余某志未经张某铭允许，便与龚某就系争房屋买卖签订《私人房屋买卖合同》。张某铭在知情后，便以系争房屋是在宅基地上建造的房屋，国家禁止买卖，合同应无效为由诉至法院，要求被告龚某返还房屋。

法院认为：法律规定宅基地具有保障性及身份性的特点，这决定了宅基地原则上应在本集体经济组织内部流转。根据"房随地走、地随房走"的原则，房屋不可能脱离土地单独买卖，则农村宅基地房屋的买卖必然引起宅基地流转。被告龚某非上海户籍人士，与原告必然不在同一农村集体经济组织，也未见系争房屋买卖合同符合经过审批同意等条件，因此系争房屋买卖合同因违反法律、法规的强制性规定而无效。

根据上述案例可知，法院在认定买卖合同是否有效时，主要认定的是订立买卖合同这一民事法律行为是否有效。《民法总则》第一百五十三

条规定:"违反法律、行政法规的强制性规定的民事法律行为无效。"[1] 同时,《国务院办公厅关于加强土地转让管理严禁炒卖土地的通知》明确规定:"农民的住宅不得向城市居民出售。"由于案例中的龚某与徐某英、余某志、张某铭三人不在同一农村集体经济组织,违反了相关法律法规规定,所以他们订立的房屋买卖合同无效。

再回到本节开头的案例,王先生的父亲与齐先生签订买卖合同,就是上文所说的民事法律行为,也将会因违反法律、行政法规的强制性规定而无效。因此,王先生可以以主张合同无效的方式,拿回宅基地自住房的使用权,未来便可以合法继承房屋并办理登记手续。

三、买方在合同被主张无效后,应当如何维护自己的权利

随着房价的飞速上涨,有关房地产的纠纷在近几年也呈急剧增长之势。宅基地自住房买卖纠纷由于涉及面广、容易引发社会问题等特点,给司法界带来了极大的困难。自住房权利本身的不清楚、不充分,使得自住房买卖合同的效力也处于不确定的状态。在房地产不断增值,如今农村宅基地还能让城镇户籍子女继承的背景下,许多已经出售的农民纷纷反悔,诉至法院,要求确认买卖合同无效。虽然在买卖合同确认无效后,王先生能够顺利继承不动产,但居民齐先生因合同无效带来的财房两空的损失应当从何弥补呢?

---

[1]《民法总则》第一百五十三条对应《民法典》总则编第一百五十三条第一款:"违反法律、行政法规的强制性规定的民事法律行为无效。但是,该强制性规定不导致该民事法律行为无效的除外。"

案例

案号：（2008）通民初字第 02041 号

审理法院：北京市通州区人民法院

案情简介：李某兰与被告马某涛曾签订过房屋买卖合同，约定购买辛店村房屋 8 间及院落。2006 年 12 月，马某涛向法院起诉要求确认房屋买卖合同无效，返还房屋。2007 年 12 月，北京市第二中级人民法院作出终审判决，确定双方签订的房屋买卖合同无效。后李某兰诉至法院，提出应对其信赖利益损失进行赔偿，要求马某涛赔偿经济补偿金 48 万元。

法院认为：合同无效后，因该合同取得的财产，应当予以返还。有过错的一方，应当赔偿对方因此受到的损失；双方都有过错的，应当各自承担相应的责任。马某涛作为出卖人，在出卖时明知房屋及宅基地属于我国法律禁止流转的范围，并在出卖房屋多年后又以违法出售房屋为由主张合同无效，故其应对合同无效承担主要责任。对于李某兰作为买受人信赖利益损失的赔偿，应当全面考虑出卖人因土地升值或拆迁、补偿所获利益，以及买受人因房屋现值和原买卖价格的差异所造成的损失两方面因素予以确定。故李某兰要求赔偿损失的诉讼请求，理由正当，证据充分，本院对合理部分予以支持。法院判决被告马某涛赔偿原告李某兰损失 185290 元。

在当前的自住房买卖合同纠纷中，要求确认合同无效的一般都是出卖人，起因大多是房价上涨。再加之城镇户籍的子女可以继承宅基地的新规出台，此类纠纷会越来越多。如果法院完全支持出卖人，可能会造成对违反诚实信用原则行为的变相鼓励。订立合同并交付后，由于利益的驱动而反悔的行为本身就缺乏正当性。虽然国家政策不允许城市居民到农村购买房屋，但是对于出卖人来说，在出卖房屋时已经明知此政策，其后却又以此理由要求确认合同无效，这无疑是在恶意利用法律的漏洞。

因此在上述案例中，出卖人因毁约而承担的赔偿金额要远大于房屋买卖合同签订时的房屋价款。

结合上述案例来分析本案，齐先生可以以要求王先生赔偿信赖利益损失为由进行抗辩或起诉。虽然这样可能并未完全弥补确认合同无效带来的损失，但高额的赔偿费无疑在一定程度上限制了出卖人任意毁约的行为。一方面，保护买受人不失去赖以生存的居所；另一方面，有利于保护房屋交易市场大环境，发挥法律在道德层面的导向作用。

四、在继承时，子女应当如何办理宅基地过户手续

根据法律规定，王先生应先办理继承公证。他需要携带两个证明——被继承人的死亡证明和村委会开具的继承人证明，以及两个证件——继承人的身份证明和被继承的房产证或其他证明文件。而后，再到房产交易中心办理过户，提交房屋所有权证书、继承公证、继承人的身份证及复印件、房屋所有权登记申请书等资料。

另外，还需注意以下几种不能继承的情况。

1. 独立户口

如果老人属于独立户口，也就是没有子女的"五保户"，这些人去世后，其宅基地由村集体收回。

2. 权属不清晰

如果宅基地没有经过审批就建房子，或者超过审批面积私自扩建，抑或擅自改变其用途，都不能继承。

3. 闲置 2 年以上

我国法律规定，宅基地如果 2 年以上不使用，将被村集体收回，无法再继承。

4. 一户多宅

农村村民一户只能拥有一处宅基地，面积不得超过本省规定的标准，严禁城市居民购买宅基地。因此，如果发现有不合法的一户多宅情况，是不可以继承的；此外，在农村有很多父母和子女是各自申请了宅基地，分开建房子的，这种情况也是不能继承的。

5. 空宅基地

城镇户籍的子女可以继承父母的宅基地使用权，但农村宅基地不能被单独继承。也就是说，宅基地上必须有房屋。如果是空宅基地，也不能继承。

五、律师建议

分析到这里，王先生咨询的案件脉络已经逐渐明了。由此，笔者针对该类案件给出如下建议。

1. 卖方可以以违反法律、行政法规的强制性规定为由，主张房屋买卖合同无效

王先生合法继承其父宅基地自住房的前提条件，便是确认已卖给他人的房屋的买卖合同无效，这也是本案最核心的问题。由于买卖宅基地自住房的行为被法律明确禁止，该行为因违反法律、行政法规的强制性规定，属于无效民事法律行为，从而引起买卖合同无效。在法院作出确认无效判决后，房屋及宅基地的使用权回归到王先生的父亲的名下，王先生可在父亲死亡后合法继承。如前所述，这需要王先生的父亲先去起诉主张房屋买卖合同无效。不过，即使法院确认该合同无效，也存在对方起诉要求赔偿损失和信赖利益的风险。

2. 继承人在合规办理过户手续后，还应当注意遵守宅基地的使用规定

王先生在继承时，应当先办理继承公证，再到房产交易中心办理过户。继承之后，也并不意味着他可以随意处置宅基地及房屋。宅基地属于农村集体所有，城镇户籍的子女可以继承，但不能交易，这是底线。

3. 买方可以以提起诉讼的方式挽回自己的损失

从法律方面来说，财房两空的齐先生极大可能会以要求赔偿信赖利益损失为由而提起诉讼。此时，王先生或将承担高额赔偿费用，来弥补齐先生房财两空的现状。民事主体从事民事活动，应当遵循诚信原则。而王家主动违背承诺，"撕毁"合同的行为可能引发道德风险，不利于房产交易大环境的稳定，严重者可能导致市场经济秩序紊乱。作为民事主体，应主动把诚实、恪守承诺的基本价值贯穿于民事活动的始终。

第七节　房地产税立法势在必行，家庭资产配置多元化与时俱进

2020年5月18日，中共中央、国务院发布了《关于新时代加快完善社会主义市场经济体制的意见》，其中明确提到——稳妥推进房地产税立法。这使得房地产税立法问题再次进入大众视野。

一、我国房地产税的立法进程

1986年，我国颁布《中华人民共和国房产税暂行条例》（以下简称《房产税暂行条例》），成为目前房产税的征收依据。

2003年，十六届三中全会提出"实施城镇建设税费改革，条件具备时对不动产开征统一规范的物业税，相应取消有关收费"，房产税改革一直备受关注。

2011年1月，为正确引导居民住房消费，国家修订《房产税暂行条例》，规定对于房产的产权所有人开征房产税，但是以下情况可以免征房产税：（1）国家机关、人民团体、军队自用的房产；（2）由国家财政部

门拨付事业经费的单位自用的房产；（3）宗教寺庙、公园、名胜古迹自用的房产；（4）个人所有非营业用的房产；（5）经财政部批准免税的其他房产。其中第四项"个人所有非营业用的房产"属于免征房产税的范围，也就是我们理解的个人不缴纳房产税的直接依据。

在 2015 年的"两会"上，房地产税法被正式纳入第十二届全国人民代表大会常务委员会立法规划。（从此，房产税表述为"房地产税"。）

2017 年 11 月，房地产税改革确立了"立法先行、充分授权、分步推进"逐步建立完善的现代房地产税制度的基本原则。

2018 年，房地产税立法工作被列入五年立法规划，法律草案正在草拟中。

2021 年 10 月 23 日，第十三届全国人民代表大会常务委员会第三十一次会议通过了《关于授权国务院在部分地区开展房地产税改革试点工作的决定》。

二、房产税对个人住房征税开始试点

2011 年 1 月 28 日，上海和重庆同时宣布启动房产税改革试点，对个人住房征收房产税，打破了《房产税暂行条例》中规定的"个人所有非营业用的房产"免征房产税的"传统"，在保障居民基本住房需求的前提下，对个人住房征收房产税。

项目	上海	重庆
征收对象	以居民家庭为对象：（1）第二套及以上的住房；（2）非本市居民家庭新购住房	以个人为对象：（1）独栋商品住宅；（2）高档住房，高档住房是指建筑面积交易单价达到上两年主城九区新建商品住房成交建筑面积均价的2倍（含2倍）以上的住房；（3）在本市同时无户籍、无企业、无工作的个人（以下简称"三无"）第二套（含第二套）及以上的普通住房
免税面积	（1）第一套住房免征；（2）第二套及以上的住房人均建筑面积≤60平方米免征，人均建筑面积＞60平方米，超出部分征税	（1）每个家庭可选一套住房扣除免税面积；（2）纳税人在本办法施行前拥有的独栋商品住宅，免税面积为180平方米；新购的独栋商品住宅、高档住房，免税面积为100平方米；（3）纳税人家庭拥有多套新购应税住房的，按时间顺序对先购的应税住房计算扣除免税面积；（4）"三无"个人的住房均不扣除免税面积
税率	（1）一般税率为0.6%；（2）住房交易价格/m²≤2×去年新建商品住房均价时，税率减为0.4%	均价：过去两年主城区新建商品住房均价（1）住房交易单价/m²＜3×均价时，税率为0.5%；（2）3×均价≤住房交易单价/m²＜4×均价时，税率为1%；（3）住房交易单价/m²≥4×均价时，税率为1.2%；（4）"三无"个人首套及以上住房，税率为0.5%
纳税计算	计税依据：市场交易价格应纳税额＝应税建筑面积×70%×建筑面积交易单价×税率	计税依据：市场交易价格应纳税额＝应税建筑面积×建筑面积交易单价×税率
税收减免办法	（1）引进的人才，有居住证并在本市工作生活，新购唯一住房免征；（2）持有居住证满3年，购房者新购一套住房免征；不满三年的，先征收房产税，满三年后，可予以退还	（1）"三无"个人，当具备有户籍、有企业、有工作任一条件时，住房从当年起免征，如已缴纳税款，退还当年已缴税款；（2）对农民在宅基地上建的自有住房免征

注：以上规定均针对两地出台征收房产税试点暂行办法之后购买的房屋。

两个方案的共同点在于：（1）征税中的房屋以新增购房为主；（2）差别化税率，灵活控制；（3）较为宽松的免税政策，避免对居民基本住房需求造成损害；（4）限制外来投资购房，根据是否为本地居民采取不同征税条件。

三、房地产税立法的社会背景

1. 增加地方财政收入的需求

我国现行的房产税仅针对经营性房产征税，对城镇居民的自有住房给予免税优惠，对农村居民的房产也不征税，房产税的税基偏窄，在地方政府的财政收入中占比较小。2016 年，我国全面实行"营改增"后，地方政府缺失主体税种，营业税将有 3/4 上缴中央，给地方财政收入带来巨大影响。地方财政收入需要补充新的主体税源，房地产税成为重点考虑的税种。2015 年，"两会"把房地产税法正式纳入立法规划，从"房产税"到"房地产税"，一字之差，体现了纳税义务主体及征税对象范围的扩大。

2. 社会公平与分配调整的需求

党的十七大报告提出，"初次分配和再分配都要处理好效率和公平的关系，再分配更加注重公平"。初次分配一般是在市场力量主导下进行的，二次分配则主要是在政府主导下进行的。税收、支出和其他政策工具是政府实施二次分配的杠杆，主要是对市场分配的结果进行补充和校正，以实现社会和谐、公平。通过对必要住房不征税、对大部分房产征收轻税、对少量奢侈性房产征收重税的方式，促进社会公平。

3. "房住不炒"原则的体现

2019 年上半年中国 50 城房价收入比表明，对于普通城市居民来说，购房压力非常大。

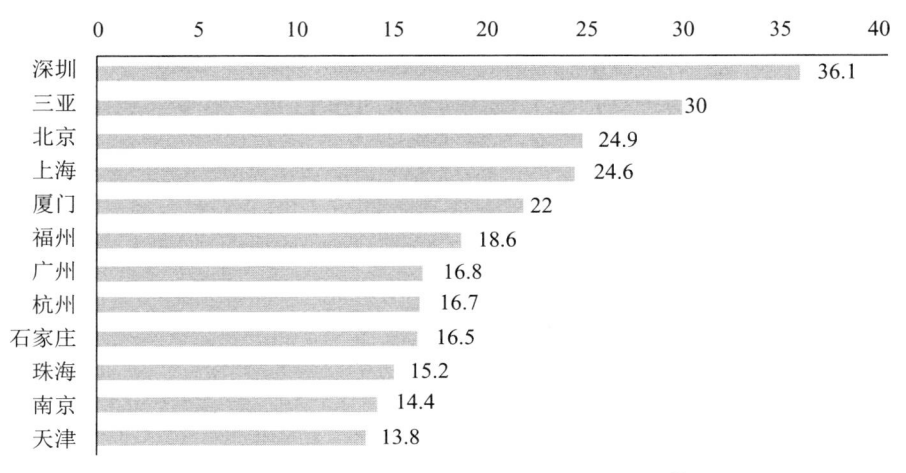

城市	房价收入比
深圳	36.1
三亚	30
北京	24.9
上海	24.6
厦门	22
福州	18.6
广州	16.8
杭州	16.7
石家庄	16.5
珠海	15.2
南京	14.4
天津	13.8

2019 年上半年中国 50 城房价收入比排名 [①]

虽然国家不断提倡房住不炒，但是房产的价格一路飙升，一线城市的房价远远超出了普通市民的购买能力。所以，各界呼吁开征房地产税的原因之一，就是希望通过征税抑制房价。房地产税包括房产开发、流通、保有等诸多环节，涉及房产税、土地增值税、城镇土地使用税等诸多税种的合并或调整。总体来看，开征房地产税是否能够抑制房价，效果还未可知。不过，房地产税的立法与开征的主要原因一定不只是抑制房价。

四、房地产税所涉问题的初步探讨

1. 70 年土地使用权与房地产税之间如何协调

我国法律规定了住宅用地权属年限最高为 70 年。随着 70 年使用期限陆续到期，原产权人失去合法产权后，国家对于到期房产该如何征收房地产税呢？这个问题已经被讨论了很多年。《民法典》确定了 70 年产权自动续期制度，这就为后期全面征收房地产税奠定了基础。

---

① 数据来源：上海易居房地产研究院发布的《2019 年上半年全国 50 城房价收入比研究报告》。

2. 小产权房如何征收房地产税

目前我国小产权房数量不少，但由于这部分房产没有产权，是不能收税的。如果大面积推行房地产税，那么小产权房反而从中受益。2017年，国土资源部、住房城乡建设部通过了《利用集体建设用地建设租赁住房试点方案》，确定北京、上海等13个城市开展利用集体建设用地建设租赁住房试点。许多人认为这是在为小产权房向租赁住房转化铺路。虽然暂时无法确定，但这至少是对解决小产权房问题的积极探索。

3. 个人住房信息如何统计

我国已基本实现全国个人住房信息系统联网，为将来异地购房和多套购房进行监管，也对房地产税征收提供基本的数据支持。

4. 房屋价值如何合理评估

不同地区、不同类型、不同年份的房地产如何评估余值，如何制定并指导评估机构给出相对确定的评估方法和评估标准？如果是年度征缴，是不是每年都要评估？如何认定评估机构的评估结果？……这些细节都要考虑周详，制定合理的评估细则。

五、房地产税对高净值人士的影响

房地产税"牵一发而动全身"。是否开征房地产税，不仅仅是技术问题，也不只是立法问题，而是关乎一系列的社会和经济问题。这也是为什么立法特别强调"稳妥推进"。

2020年5月，中国人民银行对3万多户城镇居民家庭开展资产负债情况调查形成的报告数据显示，我国城镇居民家庭财富的70%是房产，住房拥有率为96%，有一套住房的家庭占58.4%，有两套住房的占31%，有三套及以上住房的占10.5%，户均拥有住房1.5套。

以此统计数据为参考,假设一套房的刚需家庭可以免征,那么房地产税征收的覆盖率将超过40%,影响范围之大,可见一斑。

1. 对家庭配置房产需求的影响

征收房地产税后,住房持有成本增加了,就会促使购房者更多地考虑风险。房子压在手里每年缴那么多的税值不值?房地产税一旦开征,会在一定程度上影响家庭投资性购房的意愿,更多的人在购房时会选择居住面积适当的住房,在房产投资上也会更加谨慎、更加理性。

2. 对传承规划现金流安排的影响

以往父母留给孩子房产,由于近亲属继承不涉及个人所得税,所以子女继承房产承担的其他税费几乎可以忽略不计。但是,如果中国开征房地产税,就意味着持有多套房产的子女将面临社会二次分配——房地产税的调整。如果没有充分的现金流缴纳房地产税,那么这个传承规划就是不合理的。有些读者可能会说:"可以拿租金来缴房地产税。"想一想新冠肺炎疫情带来的各种不确定性,你还能如此笃定、如此乐观吗?

3. 对家庭接受多元化资产配置的影响

我国城镇居民家庭财富的70%是房产,这是一个因非常集中而造成的非常脆弱的家庭资产配置结构。与其他国家相比,中国人对于房产投资路径的依赖是最难打破的,因为没有遭遇过大的房产价格跌幅,所以很难说服中国富裕阶层主动优化资产配置结构。相信房地产税推出后,它的杠杆功能能够使从房地产流出的私人财富,流向更加多元的资产配置渠道,如保险、信托、私募股权基金等。

总之,无论是为了满足地方政府财政收入的需求,还是为了满足社会二次分配的需求,房地产税的立法都已是大势所趋。目前,房地产税已被列入政府立法规划,并且正在稳步推进。换句话说,这迟早是要来的,只是时间早晚罢了。

第八节　股权转让"先完税，后登记"新规，对股权财富影响有多大

2021 年 7 月 30 日，国家税务总局北京市税务局、北京市市场监督管理局发布了《关于股权转让所得个人所得税管理有关工作的通告》（国家税务总局、北京市税务局通告 2021 年第 3 号，下文简称《通告》），确定自 2021 年 9 月 1 日起，自然人进行股权转让时应先完成税务申报，方可进行股权变更登记。

《通告》的发布，意味着自然人仅凭股权转让协议、股东会决议等材料即可完成股权变更登记的时代已经过去，未来将进入"先完税，后登记"——股权转让税务申报前置的税务合规时代。大量的公司重组、投资行为是通过股权转让来完成的。以前由于人力资源短缺、监管手段单一，导致国家监管的力度不够，使得个人股权过户涉税环节没有受到应有的重视。《通告》的发布，意味着个人转让股权应当充分重视个人所得税成本与风险问题。比如，大量个人股权的代持安排，将来显名是否涉税？

针对这些政策的新变化，笔者以北京市为例，结合服务过的大量家

族企业股权架构优化的实务经验，对"先完税，后登记"政策带来的财富影响及过户流程，进行分析与总结。

一、个人转让股权"先完税，后登记"已是大势所趋

个人转让名下股权，如果转让价格高于持有股权的初始价格，此部分股权溢价属于应税收入，按照法律规定，需要征收个人所得税。但在实践中，个人主动申报此类个人收入并不积极，因此，加强对个人转让股权收入的税款征收，是"先完税，后登记"政策的初衷。转让方不完税，股权交易过户就无法完成，从而促使个人积极申报及纳税。《通告》规定，个人转让股权办理变更登记的，应先持相关资料到企业所在地的主管税务机关办理纳税申报，再办理股权变更登记。

实际上，办理股权变更登记需提供完税证明这一规定并非北京市税务局首次出台。早在2009年5月，国家税务局发布的《关于加强股权转让所得征收个人所得税管理的通知》（国税函〔2009〕285号），便明确规定签订股权转让协议并完成股权转让交易以后，持税务机关开具的股权转让所得缴纳个人所得税的完税凭证或免税、不征税证明，到工商行政管理部门办理股权变更登记手续。但其被2015年1月1日施行的《股权转让所得个人所得税管理办法（试行）》（国家税务总局公告2014年第67号）所废止，而第67号公告并没有沿袭办理股权变更登记手续需纳税前置的规定。因此，在实务中，一部分市场监管部门并未强制要求股权变更登记时需要提供完税证明。

但由于自然人之间发生股权转让交易不容易被监管，全国发生了多起因股权转让被税务稽查的案件。为进一步加强征管，2019年1月1日实施的《个人所得税法》第十五条第二款规定："个人转让股权办理变更

登记的，市场主体登记机关应当查验与该股权交易相关的个人所得税的完税凭证。"此后，多地税务机关陆续与市场监督管理局联合出台相关政策，明确落实办理股权变更登记手续需纳税前置的规定。据统计，目前已有北京、广东、深圳、天津等多个省市发布了相关规定。

由此可见，个人股权转让"先完税，后登记"已是大势所趋。而在大数据信息化管理、"金税四期"即将开启的背景下，这一政策的执行只会更加严格。对于有股权转让或股权代持安排的高净值人士而言，应提前做好相应的股权安排，合理进行税务筹划。

二、新规之下，股权代持安排显名是否要征税？

股权代持在高净值人士中是一个普遍存在的现象。根据我国法律规定及相关实务案例，股权代持关系并不被法律禁止。但是，股权代持意味着实际出资人与登记中的名义股东将不一致。那么，如果实际出资人要显名（变更登记为股东），是否可以主张该显名行为不属于股权转让交易而要求免税呢？根据笔者团队进行的实务调研，实际出资人若要显名，不可以直接申请免税。如果代持股权双方按照一般股权转让程序进行显名，我们咨询了北京市几个区的税务主管部门工作人员，得到的结果是需要按照相关规定缴纳税款。若税务主管部门是根据法院判决的内容，协助强制执行进行的代持股权显名登记，则无须缴纳相应的税费，因为法院判决已经证实了该显名行为非股权交易过户。

所以，在实践中，股权代持协议、公证书等材料均无法获得税务机关对于代持事实的认可及免缴个人所得税的待遇。因此，在变更登记前，如果没有生效的法院判决书或裁定书认定代持事实，那么在进行股权变更登记时，该行为则被视为普通股权转让行为，必须"先完税，后登记"。这就意味着，股权代持的成本越来越高了，未来实际出资人想要恢复其真正的股东身份，要么去法院打官司确认代持股权关系，要么按简单的股权转让程序来申报和缴税。此时，无论是诉讼成本，还是纳税成本，都是有风险的。所以，未来进行股权代持要更加谨慎。

三、新规出台，能否用"阴阳合同"来"规划"个人所得税

正如前文所述，"先完税，后登记"是为了避免个税环节的税收流失。但是，如果个人在转让环节申报的价格过低，比如 0 元转让或按最初的出资进行平价转让（所谓的"阴阳合同"），那么税务部门是否会对转让价格进行实质稽查、调整呢？

（一）股权转让时如何申报价格

股权转让协议中，转让价格可以由协议双方协商确定，0 元转让、1 元转让均可。这是协议双方意思自治的权利。但在进行税务申报时，却不能按照这样明显低于市场合理价格的定价进行税务申报。

个人所得税缴纳的公式为：税费 =（股权转让收入 − 股权原值）× 个人所得税税率。所以，在进行税务申报时，需要提供相关的证明材料来证明在该股权转让交易中，合理的股权转让价格及股权原值分别为多少，再依据这个价格确定需要缴纳的税款。若税务机关认为转让方提供的转让价格及股权原值明显不合理，可以核定股权转让收入及税务原值，但存在如给近亲属转让、公司内部转让等特殊情形的除外。

税务机关在进行股权转让价格核定时，根据《股权转让所得个人所得税管理办法（试行）》第十四条的规定，主要有以下方式。

1. 净资产核定法

股权转让收入按照每股净资产或股权对应的净资产份额核定。被投资企业的土地使用权、房屋、房地产企业未销售房产、知识产权、探矿权、采矿权、股权等资产占企业总资产比例超过 20% 的，主管税务机关可参照纳税人提供的具有法定资质的中介机构出具的资产评估报告核定股权转让收入。

2. 类比法

（1）参照相同或类似条件下同一企业同一股东或其他股东股权转让收入核定；

（2）参照相同或类似条件下同类行业企业股权转让收入核定。

3. 其他合理方法

主管税务机关采用以上方法核定股权转让收入存在困难的，可以根据主管税务机关的自主权决定采取其他合理方法核定。

《股权转让所得个人所得税管理办法（试行）》

第十一条　符合下列情形之一的，主管税务机关可以核定股权转让收入：

（一）申报的股权转让收入明显偏低且无正当理由的；

（二）未按照规定期限办理纳税申报，经税务机关责令限期申报，逾期仍不申报的；

（三）转让方无法提供或拒不提供股权转让收入的有关资料；

（四）其他应核定股权转让收入的情形。

第十三条　符合下列条件之一的股权转让收入明显偏低，视为有正当理由：

（一）能出具有效文件，证明被投资企业因国家政策调整，生产经营受到重大影响，导致低价转让股权；

（二）继承或将股权转让给其能提供具有法律效力身份关系证明的配偶、父母、子女、祖父母、外祖父母、孙子女、外孙子女、兄弟姐妹以及对转让人承担直接抚养或者赡养义务的抚养人或者赡养人；

（三）相关法律、政府文件或企业章程规定，并有相关资料充分证明转让价格合理且真实的本企业员工持有的不能对外转让股权的内部转让；

（四）股权转让双方能够提供有效证据证明其合理性的其他合理情形。

第十七条　个人转让股权未提供完整、准确的股权原值凭证，不能正确计算股权原值的，由主管税务机关核定其股权原值。

值得注意的是，继承或将股权转让给其能提供具有法律效力身份关系证明的配偶、父母、子女、祖父母、外祖父母、孙子女、外孙子女、兄弟姐妹以及对转让人承担直接抚养或者赡养义务的抚养人或者赡养人，属于即便低价或者平价转让均会被税务主管部门认定为是具有正当理由，因此在上述近亲属之间进行股权转让时，完全可以平价转让，最终达到不用缴纳个人所得税的目的。

（二）在进行纳税申报时，需要提交哪些材料

以北京市西城区、海淀区税务主管部门工作人员答复的办税流程为例，在办理自然人股权转让时，当事人需提供如下材料，如下表所示。

咨询问题	是否需提供公司验资报告/入资证明	是否需提供公司资产负债表	是否需提供公司资产评估报告	证明计税价格偏低时需提供
工作人员答复	是,需提供公司设立及历次增资的验资报告或银行入账单复印件(实缴出资),验资报告及银行入资单的总入资额需与实收资本相一致	是,需提供资产负债表原件及复印件、股权转让协议上月最后一天的资产负债表,资产负债表需法定代表人、财务负责人、制表人本人手写签字	是,部分企业需提供资产评估报告原件及复印件,针对的企业类型:土地使用权、房屋、房地产企业未销售房产、知识产权、探矿权、采矿权、股权等资产占企业总资产比例超过20%的	需提供夫妻、赡养、抚养关系的身份关系证明资料或公证书等原件及复印件;需提供低价转让相关政策依据原件及复印件

在新规出台之前,部分当事人可能会选择通过订立"阴阳合同"、虚假评估、不申报、明显低于合理价格等方式规避个税,但随着"金税四期"及大数据合规时代的到来,这样的行为极有可能会被稽查出来。因此,股权转让双方申报合理交易价格是最为稳妥的方式。

四、新规之下,如何办理股权变更登记

新规之下,如何先完税再过户,办理税务和工商变更登记手续?笔者以北京市西城区为例,梳理了整个流程。

第一步：登录北京市电子税务局进行网上备案。

第二步：根据个人股权转让一次性告知单至窗口提交相应纸质资料，在资料齐全且符合法定形式的情况下即时受理。

第三步：提交资料后税务部门出具《个人股权转让税务机关审核意见确认单》，前往市场监督管理局办理变更登记。

第四步：变更登记完成后，再次登录北京市电子税务局，进行股东信息变更。

五、律师建议

我国股权转让中税务缴纳政策的形势趋严，以往利用征纳双方信息不对称等进行税务筹划的时代将成为过去。唯有先人一步的规划，才可以合理、合法、合规地完成股权转让与股权代持。

1. 股权代持协议安排需慎重

很多高净值人士在进行风险规避和财富管理规划时，会考虑进行股权代持。但是依据前文所述，只有在有法院生效判决或裁定的情况下，股权变更登记至隐名股东时才可以免税。代持协议、公证文书等材料均无法获得市场监督管理局及税务局对于代持事实的认可，需要按照一般的股权转让来缴纳税款。因此，如果股权代持安排确有必要，那么一定要审慎选择代持对象，全面收集代持过程中的证据，确保在提起诉讼时能够获得司法机关对代持关系的认可。

2. 合理利用优惠政策，完成股权转让中的税务筹划

股权溢价征税是大的原则，但是国家针对特殊情形也允许低价转让股权以减免个税。比如，上文所说近亲属之间的转让，是完全可以免税

的。根据《股权转让所得个人所得税管理办法（试行）》第十三条第三款的规定，根据企业章程规定，并有相关资料充分证明转让价格合理且真实的本企业员工持有的不能对外转让股权的内部转让，可以低于市场价格进行转让。依法纳税，依法利用利好政策，才是合规与智慧的做法。

3. 充分认识股权转让核定价格的风险并合法规划

在股权转让价格明显不合理的时候，税务机关会依据净资产核定、类比等方法对股权转让真实价格进行核定。因此，在个人股权转让中，特别是针对有不动产等资产的企业股权交易，应事先充分评估股权转让的个税成本，在法律允许的框架内充分论证交易模式。

股权转让"先完税，后登记"的时代已经来临，企业家在应对股权重组、转让等重大资产变化时应充分了解政策，顺势而为，做到合法合规。

第九节　深圳市给创业者新机会，国内首推个人破产制度

2020年8月26日，深圳市第六届人民代表大会常务委员会第四十四次会议表决通过了《深圳经济特区个人破产条例》（以下简称《条例》），这是我国首部个人破产法规，于2021年3月1日起正式施行。其实这已经不是"个人破产制度"第一次出现在我们的视野中了。2020年7月，贾跃亭发布公开信，宣布其在美国申请的个人破产重组最终完成，重组方案正式生效，债权人信托也随之正式设立并开始运营。这意味着贾跃亭不再持有FF（Faraday Future，法拉第未来）的股份，他的债权人们将以FF的股东身份享受到FF的未来利益。至此，贾跃亭在美国已经完成了个人破产。

在实行市场经济制度的国家中，有不少建立了个人破产制度，如美国、俄罗斯、德国、英国、法国、澳大利亚等。因为立法者注意到，在市场经济中，无论是因为决策失误还是运气不好而失败的个人和企业，都需要重新开始的机会，而个人破产制度的建立便可以给予财务状况很糟糕的人一个重新开始的机会。

2019年10月9日，温州市中级人民法院联合平阳县法院通报了全

国首例具备个人破产实质功能和相当程序的个人债务集中清理案件情况。在该案件中，债务人蔡某系温州某破产企业的股东，经生效裁判文书认定其应对该破产企业214万余元债务承担连带清偿责任。但由于蔡某仅持有1%的股权，家庭年收入较低，且蔡某长期患有高血压和肾脏疾病，医疗费用花销巨大，家庭长期入不敷出，确无能力清偿巨额债务。故法院通过个人债务集中清理制度使得蔡某免于214万元的高额债务，仅在3.2万元一次性清偿方案履行完毕之日起的6年内，对其家庭年收入超过12万元部分的50%用于清偿全体债权人未受清偿的债务。6年之后的收入以及年收入低于12万元的部分将免于被执行。

在市场经济背景下，创业竞争无处不在，有竞争，就意味着有失败者。当失败的创业者纷纷背负巨额债务时，他们既无法做到重整旗鼓，也无法做到准时还债，最终债台高筑。由于我国没有个人破产制度，债务人的债务会被终身追偿，这在一定程度上让失败的创业者坠入债务的深渊，难以翻身，也不利于提高整个市场的经济活力。个人破产制度正是为这群"诚实而不幸"的失败者创设的，失败的创业者将有机会从债务危机中解脱出来，重新参与社会活动，创造财富。当然，破产不意味着债务人可以逃避其个人债务。下面，笔者为大家罗列出《条例》中的几个要点。

一、什么人可以申请个人破产

根据《条例》第二条可知，在深圳经济特区居住，且参加深圳社会保险连续满三年的自然人，因生产经营、生活消费导致丧失清偿债务能力或者资产不足以清偿全部债务的，可以依照条例进行破产清算、重整或者和解。

本条规定需要注意以下两个要点：

（1）申请破产的债务条件限定为因生产经营和生活消费导致资不抵债或者明显缺乏清偿能力的。如果是违法经营或者过度消费导致不能清偿债务的，不能适用本条例。

（2）申请破产的债务人限定为在深圳经济特区居住，且参加深圳社会保险连续满三年的自然人。

二、50万元以上到期债务可申请破产清算

除了债务人可以自行申请破产清算，《条例》第九条规定，当债务人不能清偿到期债务时，单独或者共同对债务人持有50万元以上到期债权的债权人，可以向人民法院提出破产申请，申请对债务人进行破产清算。

三、信托受益权等新型财产性权益均需申报

《条例》第三十三条规定，债务人应当自人民法院受理破产申请裁定书送达之日起15日内向人民法院和管理人如实申报本人及其配偶、未成年子女以及其他共同生活的近亲属名下的财产和财产权益：

（1）工资收入、劳务所得、银行存款、现金、第三方支付平台账户资金、住房公积金账户资金等现金类资产；

（2）投资或者以其他方式持有股票、基金、投资型保险以及其他金融产品和理财产品等享有的财产权益；

（3）投资境内外非上市股份有限公司、有限责任公司，注册个体工商户、个人独资企业、合伙企业等享有的财产权益；

（4）知识产权、信托受益权、集体经济组织分红等财产权益；

（5）所有或者共有的土地使用权、房屋等财产；

（6）交通运输工具、机器设备、产品、原材料等财产；

（7）个人收藏的文玩字画等贵重物品；

（8）债务人基于继承、赠与、代持等依法享有的财产权益；

（9）债务人在破产申请受理前可期待的财产和财产权益；

（10）其他具有处置价值的财产和财产权益。

债务人在境外的上述财产和财产权益，也应当如实申报。

四、破产申请人需通过免责考察期

《条例》规定，自人民法院宣告债务人破产之日起三年，为免除债务人未清偿债务的考察期限（以下简称考察期）。在考察期内，债务人应当每月在破产事务管理部门的破产信息系统登记申报个人收入、支出和财产状况等信息。考察期届满，债务人可以依照本条例相关规定向人民法院申请免除其未清偿的债务。

但同时《条例》也做出了相应的激励性规定。比如，破产人主动清偿剩余债务达到一定比例的，可以提前申请结束考察期，解除相关行为限制：

（1）债务人清偿剩余债务或者债权人免除债务人全部清偿责任的；

（2）债务人清偿剩余债务达到三分之二以上，且考察期经过一年的；

（3）债务人清偿剩余债务达到三分之一以上不足三分之二，且考察期经过两年的。

五、债务人可保留豁免财产

《条例》第三十六条规定，为保障债务人及其所扶养人的基本生活及权利，债务人可保留以下豁免财产：

（1）债务人及其所扶养人生活、学习、医疗的必需品和合理费用；

（2）因债务人职业发展需要必须保留的物品和合理费用；

（3）对债务人有特殊纪念意义的物品；

（4）没有现金价值的人身保险；

（5）勋章或者其他表彰荣誉的物品；

（6）专属于债务人的人身损害赔偿金、社会保险金以及最低生活保障金；

（7）根据法律规定或者基于公序良俗不应当用于清偿债务的其他财产。

前款规定的财产，价值较大、不用于清偿债务明显违反公平原则的，不认定为豁免财产。

除上述条款第一款第五项、第六项规定的财产外，豁免财产累计总价值不得超过20万元。本条第一款第一项、第二项的具体分项和各分项具体价值上限标准由市中级人民法院另行制定。

六、债务人有竞业禁止

《条例》第八十六条规定，自人民法院受理破产申请之日起至人民法院作出免除债务人剩余债务的裁定之日止，债务人不得担任上市公司、非上市公众公司和金融机构的董事、监事和高级管理人员职务，不得从事法律、行政法规禁止从事的职业。

七、不当交易行为可撤销

《条例》第四十条规定，破产申请提出前二年内，涉及债务人财产的下列处分行为，管理人有权请求人民法院予以撤销：

（1）无偿处分财产或者财产权益；

（2）以明显不合理的条件进行交易；

（3）为无财产担保的债务追加设立财产担保；

（4）以自有房产为他人设立居住权；

（5）提前清偿未到期的债务；

（6）豁免债务或者恶意延长到期债权的履行期限；

（7）为亲属和利害关系人以外的第三人提供担保。

八、是否以后可以欠债不还？不是

救济是个人破产制度最本质的意义和属性。个人破产制度从某种意义上来说，是为"诚实而不幸"的债务人提供了一种可期待、可信赖的保障。因此，个人破产立法的基本价值导向是，只有诚实守信的债务人在不幸陷入债务危机时，才能获得个人破产制度的保护——帮助其从债务危机中解脱出来，重新参与社会经济活动，创造更多的财富。对于那些恶意逃债或者实施破产欺诈的债务人，不仅不能通过破产逃避债务，还要通过法律手段加以预防和惩治。

个人破产制度的意义在于，它为作为个体的市场主体提供了遭遇债务危机的后续保障，免除了个人创业者的后顾之忧，让"诚实而不幸"的失败者有机会能在"社会性死亡"三年后，把之前的负债一笔勾销。这样的制度，对于促进创新创业，为社会经济带来新的活力和发展动力大有裨益。

第十节 "共同富裕"及相关政策出台，对私人财富有哪些影响

2021年8月17日，习近平主持召开中央财经委员会第十次会议，研究扎实促进共同富裕问题，研究防范化解重大金融风险、做好金融稳定发展工作问题。会议提出，要正确处理效率和公平的关系，构建初次分配、再分配、三次分配协调配套的基础性制度安排，加大税收、社保、转移支付等的调节力度并提高精准性，扩大中等收入群体的比重，增加低收入群体的收入，合理调节高收入，取缔非法收入，形成中间大、两头小的橄榄型分配结构。经过几十年改革开放，积累了大量社会财富后，国家从战略层面上提出共同富裕的发展目标。

2021年，财富管理相关政策频出，比如《民法典》及相关司法解释的生效、《深圳经济特区个人破产条例》的颁布、共同富裕示范区的建立、第三次分配精神等。上述法律法规或相关政策的变化，对高净值人士的财富产生了深远的影响，而应对这些变化最好的方式，就是了解它们并顺势而为。那么，在共同富裕政策下，哪些政策的变化对高净值人士的影响最大呢？

一、在第三次分配精神的指引下，慈善信托、慈善基金会或成未来财富管理标配

1. 什么是第三次分配

"第三次分配"并非中央财经委员会第十次会议首次提出。它最早由中国经济学家厉以宁教授提出，并在其 1994 年出版的《股份制与市场经济》一书中做出进一步的阐释：第一次是由市场按照效率原则进行的分配；第二次是由政府按照兼顾公平和效率的原则、侧重公平的原则，通过税收、社会保障支出等这一收一支所进行的再分配；第三次是在道德力量的推动下，通过个人自愿捐赠而进行的分配。

2019 年 10 月，党的十九届四中全会明确将慈善事业纳入推进国家治理体系和治理能力现代化的整体框架，提出了"重视发挥第三次分配作用，发展慈善等社会公益事业"的重大命题，将慈善作为分配制度的组成部分，提升了慈善事业在经济社会发展中的地位。

此外，2019 年，我国居民恩格尔系数[①]降为 28.2%，已达到联合国 20%～30% 的富足标准；我国人均国民总收入达到 10410 美元，进入中等偏上收入国家行列。所以，从恩格尔系数和人均国民总收入来看，我国目前处于衣食住行富足的全面小康社会阶段，初步形成了纺锤体社会结构，也建构了步入初等共同富裕的保护性社会机制，达到了我国向共同富裕社会发展的必要条件。

2020 年 10 月，党的十九届五中全会进一步对这个重大命题进行了阐述，提出要"发挥第三次分配作用，发展慈善事业，改善收入和财富分配格局"，明确了现阶段中国慈善事业发展的社会功能和定位，也为未来

---

① 恩格尔系数：指居民家庭中食物支出占消费总支出的比重。

慈善事业的发展和更好发挥作用指明了方向。这表明，我国对慈善工作的重视程度越来越高，对慈善事业寄予厚望。

2021年8月17日，中央财经委员会第十次会议明确提出要促进共同富裕，构建初次分配、再分配、三次分配协调配套的基础性制度安排，鼓励高净值人士更多地回报社会。

但需要注意的是，中央财办副主任韩文秀在2021年8月26日答记者问时表示，第三次分配不是"杀富济贫"，是自愿而非强制的，国家税收政策要给予适当激励，通过慈善捐赠等方式，起到改善分配结构的作用。

2. 提出第三次分配后，对高净值人士有什么影响

第三次分配，其核心意义就是在道德力量的推动下，通过民间捐赠、慈善事业等手段来实现社会资源的重新分配。因此，未来慈善安排（慈善信托、慈善基金会）在财富管理中的地位将有所上升，慈善与创富、传富并行或将成为高净值人士的共识。关于慈善信托与慈善基金会的具体介绍，读者朋友可以参看本书第4章。

二、房地产税立法稳步推进，可考虑优化家族资产配置结构

我国城镇居民住房自有率在2020年已经高达96%，这就意味着如果房地产税全面开征，绝大多数人或家庭将会是征税对象。

1. 积极稳妥地推进房地产税立法，国家释放了哪些开征信号

早在1986年，我国就有《房产税暂行条例》，但房产税并没有在我国全面推行。不过，自2011年起，上海、重庆便已开始试征房产税。2021年8月18日，在第十三届全国人民代表大会常务委员会第三十次会议上，财政部副部长许宏才指出，健全地方税、直接税体系，研究后移

部分品目消费税征收环节改革并稳步下划地方方案，积极稳妥地推进房地产税立法和改革。2021 年 10 月 23 日，第十三届全国人民代表大会常务委员会第三十一次会议通过了《关于授权国务院在部分地区开展房地产税改革试点工作的决定》。随着我国具备征收房地产税的条件，房地产税的征收也将逐步落到实处。

2. 征收房地产税后，对高净值人士有什么影响

房地产税的征收对高净值人士可能有以下三点影响：（1）将在很大程度上改变高净值人士的财富配置模式；（2）促使高净值人士在房产投资上更加谨慎、理性；（3）提醒高净值人士考虑调整房产传承规划方案。关于这个问题，笔者在本章第 7 节中已做详细分析，此不赘述。

房地产税的开征，体现了我国通过社会收入二次分配对社会分配秩序的调整。持有房产数量较多的高净值人士，将在房地产税正式开征后首当其冲。因此，笔者建议持有过多房产的人士，可以考虑将房产转化成金融资产来减轻税负成本、优化资产配置结构。

三、人口老龄化趋势下，我国或将出台全面延迟法定退休年龄方案

根据联合国的定义，一个国家或地区 65 岁及以上人口占比超过 7%，意味着该国家或地区进入了老龄化社会；达到 14%，为深度老龄化。而第七次人口普查报告显示，目前我国 60 岁及以上人口为 26402 万人，占总人口的 18.70%。其中，65 岁及以上人口为 19064 万人，占总人口的 13.50%。这就意味着我国即将进入深度老龄化社会。为了改善我国人口老龄化问题，优化人口结构，2021 年，我国陆续出台了"三孩""双减"等一系列解决人口老龄化问题的相关政策。其中，延迟法定退休年龄的

相关政策也被提上日程。

1. 法定退休年龄的政策变化

2013 年,《中共中央关于全面深化改革若干重大问题的决定》表明延迟退休制度已在设计之中,即我国"延迟退休"政策早在 2013 年就已经被正式提出。2015 年 3 月 10 日,人力资源和社会保障部部长尹蔚民在全国"两会"接受记者采访时明确表示,争取 2015 年完成延迟退休年龄方案制定,2016 年报经中央同意后征求社会意见,2017 年正式推出方案,推出至少五年后才会实施,即 2022 年开始正式实施。

2016 年 7 月,人力资源和社会保障部印发了《人力资源和社会保障事业发展"十三五"规划纲要》,提出在"十三五"期间(2016 年—2020 年)应"制定出台渐进式延迟退休年龄方案"。2021 年 6 月 30 日,人力资源和社会保障部印发了《人力资源和社会保障事业发展"十四五"规划》,提出在"十四五"期间(2021 年—2025 年)要"按照小步调整、弹性实施、分类推进、统筹兼顾等原则,稳妥实施渐进式延迟法定退休年龄,逐步提高领取基本养老金最低缴费年限"。

2. 未来我国将出台什么样的延迟退休年龄方案

"渐进式延迟退休"是我国退休制度改革的第一步,是十分重大的跨越式发展,也是我国应对老龄化社会采取举措的重要环节。其基本原则是小步调整、弹性实施、分类推进、统筹兼顾。其中,"弹性实施"是延迟退休改革最大、最重要的特征。人力资源和社会保障部透露,延迟退休不会搞"一刀切",不是规定每个人必须达到延迟后的法定退休年龄才能退休,而是要体现一定的弹性,增加个人自主选择提前退休的空间。

针对人口老龄化的发展趋势,高净值人士可以更多地关注老龄市场的开发与投资机会,使得我国在政府调控之外,还可以通过市场调配来满足民众的需求,真正实现养老的社会化。另外,专家学者提出,开发低龄老人人口红利或者更加富裕的初老人口也会带动"银发经济"在中国的发展。

四、个人破产制度在我国初见雏形，可使创业者获得经济重生机会

个人破产制度规定，经营失败"诚实而不幸"的创业者将有破产的权利。个人破产以"重新开始"为理念，为企业家提供"社会保险"，改变市场主体对创业失败的畏惧观念。

1. 我国个人破产制度的逐渐形成

2019年2月27日，最高人民法院在《关于深化人民法院司法体制综合配套改革的意见》中，首次提出研究推动建立个人破产制度。2019年7月16日，国家发展和改革委员会等13个部门出台《加快完善市场主体退出制度改革方案》，明确要研究建立个人破产制度，重点解决企业破产产生的自然人连带责任担保债务问题。2019年9月27日，我国首例类个人破产案件，在平阳法院通过个人债务集中清理程序顺利办结。

2020年8月26日，深圳市第六届人民代表大会常务委员会第四十四次会议表决通过了《深圳经济特区个人破产条例》。该条例是我国首部个人破产法规，于2021年3月1日起实施。目前，深圳市个人破产案件采用全流程网上立案。立案信息需要在"深·破茧"小程序中填写。2020年12月3日，浙江省高级人民法院召开新闻发布会，发布《浙江法院个人债务集中清理（类个人破产）工作指引（试行）》。

2. 个人破产制度对创业者的意义

创业本身是一件风险很大的事，现实生活中大量的创业也多以失败而告终。当失败的创业者背负巨额债务时，往往很难从债务困境中脱身。

个人破产制度，无疑给了"诚实而不幸"的创业者一个东山再起的机会。通过申请个人破产，创业者可以实现对自己和债权人的保护，摆脱债务困境，最终实现正常的生产和生活。

但是，个人破产制度绝对不是"不用还钱了"，也不是创业者逃避责任的借口。在个人申请破产的程序中，需要依照附加条件的债务免除、诚信财产申报、合理确定生活必需品等原则进行个人破产，并配套免责考察期、债务金额限制、竞业禁止等限制措施。也就是说，该制度保护的仅仅是"诚实而不行"的创业者，而那些妄图通过个人破产"金蝉脱壳"的创业者，不受个人破产制度的保护。

总的来说，个人破产制度的施行，是为了更好地实现"欠债还钱"，也有利于保障个体经济、私营经济的有序健康发展。关于深圳市试行个人破产制度的具体内容，参见本章第9节。

无论是人口老龄化、社会收入差距，还是实体经济的挑战，都日益复杂，充满不确定性。这些经济上的挑战与风险，使得国家政策必须有预判、有远见地应对。所以，无论是政府主导的二次分配相关的税制改革，还是"社会良心"的第三次分配，抑或是延迟退休、双减政策、个人破产制度试点，都是国家层面的未雨绸缪。所以，透过现象看本质，理解了各种政策出台的深层原因，我们才会在信息、认知对称的前提下，做出正确的应对和选择。

对高净值人士而言，要顺"势"而为，从"善"如流。